Klaus J. Beckmann (Hrsg.)

Jetzt auch noch resilient?

Anforderungen an die Krisenfestigkeit der Städte

Difu-Impulse   Bd. 4/2013

Deutsches Institut für Urbanistik gGmbH

Impressum

Herausgeber:

Univ.-Prof. Dr.-Ing. Klaus J. Beckmann
Wissenschaftlicher Direktor und Geschäftsführer
Deutsches Institut für Urbanistik gGmbH

Redaktion:

Klaus-Dieter Beißwenger

Layout:

Heike Klix

Dieser Band ist auf 100-prozentigem Recyclingpapier gedruckt.

Schutzgebühr: 15 Euro

ISBN: 978-3-88118-520-2

© Deutsches Institut für Urbanistik gGmbH, Berlin 2013

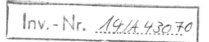
Bibliografische Information der Deutschen Nationalbibliothek

Die Deutsche Nationalbibliothek verzeichnet diese Publikation in der Deutschen Nationalbibliografie; detaillierte bibliografische Daten sind im Internet über http://dnb.d-nb.de abrufbar.

Deutsches Institut für Urbanistik gGmbH	Telefon: (0 30) 3 90 01-0
Zimmerstraße 13-15	E-Mail: difu@difu.de
D-10969 Berlin	Internet: www.difu.de

Inhalt

Editorial

Resilienz von Städten, resiliente Stadt- und Raumstrukturen, resiliente technische Infrastrukturen in Städten scheinen ein neues bedeutendes Aufgabenfeld für Stadtpolitik, Stadtverwaltung, aber auch für die lokale Wirtschaft und die örtliche Zivilgesellschaft zu sein. Forderungen nach Resilienz tauchen dabei vor allem im Zusammenhang mit ökonomischen, sozialen, ökologischen, klimatischen und geo-hydrologischen Transformationsprozessen auf. Resilienz ist dann gegeben, wenn Teilsysteme der Städte, aber auch die Städte in ihrer Gesamtheit gegenüber Anforderungen und Wirkungen von Transformationen robust und anpassungsfähig sind. Robustheit, Anpassungsfähigkeit und Flexibilität stehen in gegenseitigen Bedingungsverhältnissen.

Dass Städte gegenüber Ursachen, Ergebnissen und Wirkungen von Transformationsprozessen anfällig sind, wird derzeit vor allem im Zusammenhang mit Anforderungen des Klimaschutzes und der Klimafolgenbewältigung, der Energiewende oder auch der weltweiten Zunahme der „Verstädterung" diskutiert. Sind es aber nicht gerade die Städte, die weltweit über Jahrhunderte und Jahrtausende ihre große Anpassungsfähigkeit an politische, soziale, ökonomische, technische und kulturelle Veränderungen bewiesen haben? Erwähnt seien hier beispielhaft nur Städte wie Athen, Rom, Köln, Trier, Paris, London, Frankfurt a.M., New York.

Resilienz wird häufig vor allem im technischen und infrastrukturellen Kontext betrachtet – eine viel zu enge und zu sektorale Sichtweise! Vielmehr bieten gerade natürliche wie auch anthropogen überformte biologische Systeme belastbare Hinweise auf die Voraussetzungen und Strukturen, mit denen sich Robustheit, Anpassungsfähigkeit und Flexibilität sichern und stärken lassen. Es handelt sich um Systeme mit vergleichsweise hohen Graden an Vernetzung, Redundanzen und Kreisläufen – also mit vielfältigen biokybernetischen Grundprinzipien. Der Übergang in dezentrale und semizentrale Systeme, die partielle Veränderung von Verbraucher- und Produzentenfunktionen sind in unseren Städten beispielhafte Anzeichen für steigende Anpassungsfähigkeit.

Der hier vorgelegte Essay-Band entstammt der Werkstatt des Deutschen Instituts für Urbanistik (Difu). Mit seinen vielfältigen Arbeiten sichert und fördert das Difu die Zukunftsfähigkeit von Städten in wichtigen Sachfeldern wie Organisation und Partizipation/Beteiligung, demografischer und ökonomischer Wandel, Klimaschutz, Klimaanpassung und Energiewende, soziale Entwicklungen wie Spaltung und Inklusion, Mobilität und Verkehr, technische Infrastrukturen der Energieversorgung, Wasserversorgung und Entwässerung. Die Essays zeigen keine fertigen Lösungen, sollen aber zu Reflexionen und kreativer Auseinandersetzung mit dem Thema anregen.

Klaus J. Beckmann setzt sich in seinem Beitrag ausführlich mit dem Begriff der Resilienz, den Zielen und Rahmenbedingungen sowie den Prinzipien einer resilienten Stadtentwicklung auseinander. Er greift dazu auf Merkmale, Strukturen sowie Funktions- und Arbeitsprinzipien stabiler biologischer Systeme zurück („biokybernetische Prinzipien").

Holger Floeting verknüpft das Thema der Resilienz von Städten mit den Anforderungen an deren soziale und technische Sicherheit. Problemlagen wie soziale Segregation, organisierte Kriminalität, Unsicherheitsgefühl vieler – vor allem älterer – Bürgerinnen und Bürger, Schutz vor „kritischen", das heißt störungsanfälligen Infrastrukturen werden dabei ebenso betrachtet wie das Zusammenwirken der Akteure und die Organisation von Verantwortungs- und Arbeitsprozessen der „kommunalen Sicherheit".

Bettina Reimann und Thomas Franke heben in ihren Beiträgen auf die Bedeutung sozialer Systeme für die Sicherung der Resilienz in Städten ab. Neben dem Waren- und Leistungsaustausch in Märkten oder über Transferleistungen gewinnen wieder familiäre und nachbarschaftliche Netze an Bedeutung für die Integration von Menschen. Das Vermittlungsprinzip „Gegenseitigkeit" („Hilfe") kann soziale Stabilität fördern. Franke stellt in diesem Kontext den instrumentellen Bezug zum sozialräumlichen Ansatz her. Dieser ist charakteristisch gerade für die Aufgabenfelder der Städtebauförderung und der Stabilisierung bzw. Entwicklung von Stadtteilen, die durch ein Zurückbleiben massiv gefährdet sind.

Cornelia Rösler und Jens Libbe setzen sich in ihren Essays mit Anpassungserfordernissen auseinander, die für die Kommunen aus Klimawandel und Klimafolgenbewältigung sowie aus vorsorgendem Klimaschutz und der Energiewende resultieren. Libbe zeigt, dass diese Anforderungen und Prinzipien jenen ähneln, die für nachhaltige siedlungswasserwirtschaftliche Systeme mit Wassergewinnung, Wasserverteilung, Wassernutzung und Entwässerung gelten, wobei stufenweisen Mehrfachnutzungen eine besondere Bedeutung zukommt.

Stefanie Hanke arbeitet heraus, dass dies auch Implikationen für die Organisations- und Steuerungsformen sowie die Trägerschaft der Erbringung kommunaler Leistungen haben kann. Der Beitrag greift Fragen nach Zielen, Erfordernissen und Wirkungen rekommunalisierter Leistungserbringung und nach den Effekten für eine Förderung resilienter Strukturen auf.

Die stark vernetzten Bereiche der Personen- und Gütermobilität in Städten, der städtischen und regionalen Verkehrssysteme beleuchten Anne Klein-Hitpaß und Klaus J. Beckmann sowie Jörg Thiemann-Linden und Wolfgang Aichinger. Dabei setzen sich Klein-Hitpaß und Beckmann mit neuen technologischen Optionen und Betriebsprinzipien städtischer Mobilität auseinander, die mit Merkmalen wie Nutzung von Verkehrsmitteln statt deren Besitz, Intermodalität und Multimodalität zu kennzeichnen sind. Thiemann-Linden und Aichinger untersuchen die Chancen der Mobilität im Nahraum. Diese ist insbesondere auch älteren Menschen zugänglich und fördert als Fußgänger- und Fahrradverkehr die Stadtverträglichkeit des Verkehrs in den Quartieren.

Letztlich lassen sich resiliente Stadtsysteme und Betriebsprinzipien weder ohne Geld noch ohne Akzeptanz oder aktive Trägerschaft seitens der Stadtbürgerschaft umsetzen. Busso Grabow und Stefan Schneider setzen sich daher in ihrem Beitrag mit der kommunalen Finanzkrise, das heißt den Schuldenständen, den Kassenkrediten und der mangelnden Auskömmlichkeit der kommunalen Einnahmen auseinander. Sie zeigen Ansatzpunkte und Perspektiven auf, wie die Kommunen die Finanzkrise bewältigen können – beispielsweise durch stärker vermögensorientierte Betrachtungs- und Handlungsweisen, durch lebenszyklusbezogene Entscheidungen usw.

Stephanie Bock und Klaus J. Beckmann arbeiten in ihrem Beitrag heraus, dass die Aktivierung von Bürgerschaft und Wirtschaft („Zivilgesellschaft") besondere Chancen für die Förderung von Resilienz in Städten bietet. Die verschiedenen Akteure an der Entwicklung von Lösungen und an deren Umsetzung zu beteiligen, d.h. sie in die Transformationsprozesse einzubinden, ist Voraussetzung dafür, dass sich ihre Rollen anpassen und verändern können. „Dezentralität", „lokale Innovationen" und „Verantwortung vor Ort" lassen sich nicht ohne verbesserte Beteiligungskulturen mit gemeinsamem Ausprobieren und erweiterter Akzeptanz realisieren.

Die Autorinnen und Autoren sind sich bewusst, dass es sich bei den Beiträgen derzeit vor allem um die Betrachtung relativ isolierter Einzelaspekte handelt; systematische Gesamtlösungen stehen noch aus und sind so schnell auch nicht zu erwarten. Das Deutsche Institut für Urbanistik hofft allerdings, dass die Essays die Leserinnen und Leser zur eigenen kreativen Auseinandersetzung mit dem Thema „Resilienz der Städte" ermuntern und dass daraus weiterführende Anregungen – auch für die Arbeit des Difu – resultieren.

Berlin, im Mai 2013

Univ.-Prof. Dr.-Ing. Klaus J. Beckmann

Klaus J. Beckmann

Resilienz – Eine neue Anforderung im Zusammenhang mit nachhaltiger Stadtentwicklung?

Ziele, Merkmale und Zusammenhänge

Der Begriff „Resilienz" hat seit geraumer Zeit Konjunktur und findet zunehmend Verbreitung – gerade auch im Zusammenhang mit der Auseinandersetzung um die Zukunftsfähigkeit anthropogen bestimmter Systeme wie Städte, großräumige Siedlungsstrukturen, technische und soziale Infrastrukturen, Wirtschafts- und Produktionssysteme. Dabei bleibt der Begriff häufig unscharf und ohne definitorische Eingrenzung. Das zugrunde liegende lateinische Wort „resilire" bedeutet „abprallen" oder „zurückspringen" und beschreibt die Widerstandsfähigkeit oder Toleranz eines Systems gegenüber äußeren Störungen.

In den folgenden Ausführungen werden Anlässe für eine vertiefte Aufmerksamkeit, Begrifflichkeiten und Prinzipien ebenso diskutiert wie die Implikationen für Stadt- und Infrastrukturen, für Organisationsformen, Zuständigkeiten und Prozesse in Städten. Dies erscheint notwendig, um die Voraussetzungen, Ziele und Konsequenzen des Themas sowie die Anforderungen an Analyse-, Gestaltungs-, Vorgehens- und Organisationsschemata sachgerecht zu berücksichtigen und nicht nur – umgangssprachlich formuliert – eine „neue thematische Sau durch das Dorf zu treiben", ohne die Erfordernisse zu reflektieren.

Grob betrachtet erscheinen die Ziele der Nachhaltigkeit und die Anforderungen der Resilienz wie zwei Seiten einer Medaille. Beide sind durch Systemmerkmale und -anforderungen geprägt wie

- Flexibilität und Anpassungsfähigkeit,
- Selbstregulierung und Selbstanpassung,
- Robustheit, Widerstandsfähigkeit und Sicherheit („Security"),
- Funktionstüchtigkeit und Energieeffizienz.

Diese Prinzipien oder Eigenschaften müssen bei Planung, Realisierung, Betrieb, Erneuerung und Funktionsverbesserung anthropogener Systeme frühzeitig mitbedacht werden. Dies gilt für Städte, regionale Siedlungsstrukturen oder großräumige Raumstrukturen ebenso wie für Infrastruktursysteme technischer Art (Verkehr, Energieversorgung, Wasserversorgung, Entwässerung, Informationsnetze), sozialer Art (Kindergärten, Schulen, Sport- und Gesundheitseinrichtungen) und für erwerbswirtschaftliche Infrastrukturen wie Läden und Dienstleistungseinrichtungen.

Die genannten Prinzipien oder Eigenschaften müssen auch die Ziele der Nachhaltigkeit berücksichtigen, also

- soziale Stabilität und Gerechtigkeit, sozialer Ausgleich,
- ökonomische Weiterentwicklung und Tragfähigkeit,
- ökologische Stabilität, Ressourcenschutz und Ressourceneffizienz, aber auch
- physische Gesundheit und psychisch-emotionales Wohlbefinden der Menschen,
- Berücksichtigung der Interessen nachfolgender Generationen.

Anlässe, sich vertieft mit dem Systemmerkmal „Resilienz" auseinanderzusetzen

Weltweit leben seit 2007 mehr als 50 Prozent der Menschen in Städten, in Europa und Deutschland sind es mehr als 70 Prozent, jeweils mit wachsender Tendenz. Mit der globalen Zunahme, Vergrößerung und Verdichtung städtischer Siedlungsformen nimmt die Anfälligkeit von Stadtstrukturen, aber auch von städtischen Sozial- und Wirtschaftssystemen, von städtischen Infrastrukturen und der vorhandenen Bebauung gegenüber Zerstörung, Schädigung oder Beeinträchtigung zu – vor allem im Zusammenhang mit extremen Wetterereignissen. Zugleich scheint es an baulich-physischen, städtebaulichen und betrieblichen Strukturen sowie an Regelungen mit Blick auf Prozesse, Organisationsfragen und Zuständigkeiten zu fehlen, die diese Anfälligkeiten mildern oder abbauen. Beispiele für derartige extreme Wetterereignisse waren

- die Sturmflut in Hamburg und an der Elbe 1962,

- das Oder-Hochwasser 1997,

- das Elbe-Hochwasser und das Hochwasser des Elbezuflusses Mulde (2002),

- der Hitzesommer in Europa (August 2003),

- die Stark-Schneefälle im Münsterland mit dem physischen und funktionalen Zusammenbruch der regionalen und eines Teils der Fernversorgung mit Elektrizität (November 2005).

Weltweit betrachtet geht es auch um Erdbeben, großmaßstäbliche Überschwemmungen oder Hangrutschungen. Die Folgewirkungen sind massive Personen- und Sachschäden, der Zusammenbruch von Verkehrs- sowie Ver- und Entsorgungssystemen, die Überlastung von Notfall- und Gesundheitsdiensten usw.

Ähnliche Wirkungen können Vorfälle bei anthropogenen Nutzungen wie Großbrände, Explosionen, Entweichen von giftigen Gasen oder Abwässern oder auch Massenkarambolagen im Verkehr haben. Länder wie Afghanistan, Irak, Syrien, Libyen, Somalia oder etwa im Südkaukasus zeigen, dass militärische Angriffe und/oder terroristische Aktivitäten die Funktionstüchtigkeit von Siedlungs- und Infrastruktursystemen erheblich beeinträchtigen können (so z.B. auch das Flugzeugattentat auf das New Yorker World Trade Center am 11. September 2001).

Das Thema Resilienz gewinnt mit städtischem Bezug an Aufmerksamkeit durch die mutmaßlichen Megatrends bei den Rahmenbedingungen der zukünftigen Stadtentwicklung. Mit ihnen sind Unsicherheiten und potenzielle Risiken verbunden. Es handelt sich dabei um mögliche Auswirkungen folgender Entwicklungen:

- Globalisierung von Wirtschafts- und Lieferprozessen,

- Klimawandel mit Hitzeperioden, Starkregenereignissen, Stürmen, Überschwemmungen, Hangrutschungen,

- Umsetzung der Energiewende durch neue Standorte der (regenerativen) Energieerzeugung, durch Schaffen neuer Speicher(-formen), neuer Netze der Fernverteilung, durch Entwicklung zur „postfossilen" Gesellschaft in Produktion, Verkehr und Alltagsleben,

- demografischer Wandel, dadurch erhöhte Vulnerabilität der immer älteren Bevölkerung z.B. durch Hitzestress und Herz-Kreislauf-Beschwerden,

- öffentliche Verschuldung, Finanzmittelknappheit und daraus resultierende Unterhaltungs- und Erneuerungsdefizite bei Infrastrukturen mit potenziellen Ausfällen von Brücken in Verkehrsnetzen und mit dem Erfordernis optimierter Erhaltungs-, Ertüchtigungs- und Ersatzstrategien (z.B. für Autobahnbrücken aus Spannbeton), aber auch

- soziale Spaltung mit der Gefahr sozialer Konflikte.

Vor allem werden von Fachpolitik und Fachverwaltung für die Siedlungsstrukturen wie für die einzelnen Infrastrukturen „kritische" Elemente identifiziert, deren Beeinträchtigung durch Havarien, terroristische Angriffe oder Naturkatastrophen die Systemleistungsfähigkeit zu reduzieren droht. Auch bestehende Abhängigkeiten – z.B. vom Öl – bilden den Anlass, Umgestaltungen im Verkehr oder bei der Energie- und Wärmeerzeugung einzuleiten.

In den technischen Teilsystemen gewinnt neben den Merkmalen Funktionstüchtigkeit, Leistungsfähigkeit und Qualität vor allem die „Zuverlässigkeit" an Bedeutung. So ist beispielsweise im Güterverkehr weniger die Transportzeit oder die Transportgeschwindigkeit von Bedeutung; viel mehr zählt die Zuverlässigkeit – als „sichere" Erreichbarkeit und regelmäßige Transportzeit, damit „Rampen-Slots" für das Be- und Entladen zum erwarteten Zeitpunkt erreicht werden.

Was ist Resilienz? Definitionen, Grundprinzipien und Merkmale

„Resilienz bezeichnet entweder die Fähigkeit von Personen, sozialen Gruppen, Systemen oder Gegenständen, eingetretene Schädigungen zu kompensieren bzw. die verlorene Funktionalität wieder herzustellen oder die Fähigkeit, flexibel auf Gefährdungen zu reagieren und mögliche Schädigungen abzuwehren" (Bürkner 2010, S. 24). Während Vulnerabilität die Verletzlichkeit durch Gefährdungen, Risiken, Krisen oder Stress – letztlich durch Ereignisse und Veränderungen – ohne unzureichende Bewältigungsfähigkeiten und -kapazitäten bezeichnet, bezieht sich Resilienz gerade auf diese Fähigkeiten (Widerstandsfähigkeit, Regenerationsfähigkeit). Verletzlichkeit bezieht sich auf

- Naturrisiken („hazards", z.B. Hochwasser, Stürme, Erdbeben),

- soziale Ungleichheit, soziale Disparitäten – auch im sozialräumlichen Zusammenhang („Segregation", „Polarisierung"),

- Finanzrisiken („Verschuldung"),

- Wirtschaftsrisiken („Rezession", „Umstrukturierung"),

- Umweltrisiken („Schäden"/Zerstörung z.B. Verschmutzung, Waldsterben, Beeinträchtigung von Biodiversität).

Resiliente Systeme haben im Regelfall Merkmale, die in „biokybernetischen Systemen" mit hoher Stabilität, Anpassungs-, Regenerations- und Stabilisierungsfähigkeit festzustellen sind, wie unter anderem (vgl. Abbildung 1)

- Symbiosen,

- Kreisläufe,

- vielfältige Rückkopplungen, dabei Überwiegen negativer, d.h. dämpfender Rückkopplungen,

- kaskadenförmige Nutzung von Ressourcen (Mehrfachnutzung) sowie Recycling,

- Nutzung vorhandener Kräfte und Qualitäten („Jiu-Jitsu-Prinzip"),

- Unabhängigkeit vom Wachstum sowie Funktionsorientierung statt Produktorientierung.

Selbstregulation und daraus resultierende Anpassungsfähigkeit sind relevante Merkmale, die auf Lernprozessen beruhen. In anthropogenen Systemen setzt dies entsprechende Regelungskreise mit Systembeobachtung, Soll-Ist-Vergleichen, strategischen Prüf-, Lern- und Anpassungsprozessen voraus, ebenso geeignete Organisations- und Verfahrensstrukturen.

Abbildung 1   Die acht Grundregeln der Biokybernetik

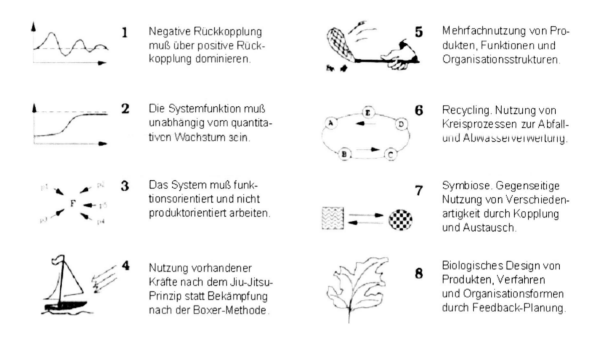

1   Negative Rückkopplung
     muß über positive Rück-
     kopplung dominieren.

2   Die Systemfunktion muß
     unabhängig vom quantita-
     tiven Wachstum sein.

3   Das System muß funk-
     tionsorientiert und nicht
     produktorientiert arbeiten.

4   Nutzung vorhandener
     Kräfte nach dem Jiu-Jitsu-
     Prinzip statt Bekämpfung
     nach der Boxer-Methode.

5   Mehrfachnutzung von Pro-
     dukten, Funktionen und
     Organisationsstrukturen.

6   Recycling. Nutzung von
     Kreisprozessen zur Abfall-
     und Abwasserverwertung.

7   Symbiose. Gegenseitige
     Nutzung von Verschieden-
     artigkeit durch Kopplung
     und Austausch.

8   Biologisches Design von
     Produkten, Verfahren
     und Organisationsformen
     durch Feedback-Planung.

Quelle: Vester (2004).

Systeme mit ausgeprägter Resilienz sind im Regelfall geprägt durch Systemmerkmale wie

- starke Vernetzung „dezentraler" und „autarker" Teilsysteme – technisch, baulich, organisatorisch, rechtlich oder hinsichtlich Zuständigkeiten und Trägerschaften,

- sparsamen Ressourceneinsatz, Wiedergewinnung und kaskadenförmige Nutzungsstufen von Ressourcen (z.B. Wärme, Wasser/Abwasser, Abfall),

- Systemstabilität durch Redundanzen wichtiger Teilsysteme/Systemstrukturen – beispielsweise durch Mehrfachauslegung oder durch vernetzte anpassungsfähige Strukturen mit Kapazitätsreserven,

- Robustheit der einzelnen Systeme und des Systemzusammenhangs als Unempfindlichkeit gegenüber äußeren Einflüssen,

- Redundanz der Systeme zur Sicherung der Funktionsfähigkeit bei Teilsystemstörungen,

- Schnelligkeit der Anpassung und der Lernfähigkeit, sich wieder anzupassen (Adaptionsfähigkeit),

- Vorbereiten von Strategien zur Beseitigung von Störungen oder von Beeinträchtigungen durch Krisen-, Ausfall-, Notfallpläne und entsprechende Informationsbereitstellung,

- Transformierbarkeit in ein neues System, das den veränderten Anforderungen genügt,

- Förderung „krisenfesten" Verhaltens der Bevölkerung durch Information, Beratung und testweise Anwendung.

So weisen beispielsweise Verkehrs- und Mobilitätssysteme eine hohe Resilienz auf, wenn

- modale Netze stark vermascht sind und bei Überlastungen „Umleitungen" ermöglichen („Rasternetze" bzw. „hippodamisches" System statt Verästelungs- oder Ringnetze),

- Netze und Netzelemente unterschiedliche Betriebszustände annehmen können, wie z.B. temporäres Einrichten von Einbahnstraßen, befristetes Umnutzen von Flächen (z.B. Autobahn-Standspuren für fließenden Verkehr),

- Verkehrslenkung und Mobilitätsmanagement Verkehr zeitlich, räumlich, modal oder hinsichtlich der Ziele beeinflussen können,

- Netze verschiedener modaler Verkehrsträger vernetzt werden können, so dass „multimodales" Verkehrsverhalten, d.h. situationsabhängige Wahl der Verkehrsmittel, verstärkt ausgeprägt werden kann oder „intermodales" Verkehrsverhalten, d.h. Wechsel der Verkehrsmittel auf einem Weg (Park-and-Ride, Bike-and-Ride, Mitfahrmöglichkeiten usw.), ermöglicht wird,

- Störungen – bei Unfällen oder Baustellen – schnell beseitigt werden können (Einsatz Notfallfahrzeuge/Abschleppfahrzeuge, Reparaturdienste, Unfallaufnahme).

Im Zusammenhang mit Städten und Regionen kommt die Vernetzung mit Einrichtungen des Gesundheitswesens, mit Notfalldiensten und Krankenhäusern hinzu.

Systemmerkmale sind somit notwendigerweise auch

- Integration innerhalb („intra") und zwischen („inter") den Teilsystemen,

- Koordination zum abgestimmten Bewirtschaften von Kapazitäten bzw. Kapazitätsreserven.

Zur Sicherung der Energieversorgung – auch vor dem Hintergrund des Ersatzes fossiler Energieträger durch regenerative Energieträger –, aber ebenso der Wasserversorgung bzw. Entwässerung steigt die Bedeutung

- dezentraler Systeme auf einem Grundstück – z.B. Einsatz von Sonnenkollektoren, oberflächennaher Geothermie, Block-Heiz-Kraftwerken (BHKW), Nutzung des unverschmutzten Niederschlagswassers als Brauchwasser, Trennen von Grauwasser und stark belastetem häuslichem oder betrieblichem Abwasser, Regenwasserrückhaltung,

- dezentraler und vernetzter Systeme in Quartieren – z.B. Vernetzung von Wind- und Sonnenenergie, Nutzung der Bewegungsenergie in Kanälen und der Wärme von Abwasser, Einsatz von BHKW für das Quartier oder von dezentralen naturnahen Kläranlagen (z.B. Binsen-Kläranlagen o.Ä.) für schwach belastete Abwässer, Regenwasserversickerung, Kompostierung,

- neuer Trägerformen für Energieerzeugung, Wasser-/Abwasserwirtschaft, Bereitstellung von Mobilitätsdiensten, z.B. durch Bewohnergenossenschaften o.Ä.

Die Funktionstüchtigkeit derartiger Systeme erfordert es, Zustände und Zustandsveränderungen zu erfassen, zu beobachten und zu analysieren – als Voraussetzung für (teil)autonome und adaptive Steuerung und entsprechende Steuerungslogiken mit Rückkopplungen. Diese basieren notwendigerweise auf (teil)räumlichen Planungs- und Managementprozessen, um partielle Risiken und deren Wahrscheinlichkeit zu identifizieren, die Verletzlichkeit zu prüfen sowie Reaktions- und Anpassungsstrategien zu entwickeln. Zur Vorbereitung und Umsetzung, aber auch zur Kontrolle müssen entsprechende dezentrale – vernetzte bzw. hierarchisch eingebundene – Organisationsformen und Zuständigkeiten vorgesehen werden.

Voraussetzungen für die Gewährleistung resilienter und nachhaltiger Strukturen und Verfahren sind unter anderem:

- Reduktion der ökologischen und sozialen Auswirkungen von Städten und städtischen Infrastruktursystemen – z.B. Vermindern des „ecological footprint" durch Verringern von CO_2-Emissionen, Energieverbrauch, Flächenverbrauch und sonstigen Ressourcenbeanspruchungen,

- Einsatz innovativer ressourcensparender Technologien (z.B. Elektromobilität unter Einsatz regenerativen Stroms und Förderung entsprechender Innovationen),

- stärkere soziale Vernetzung und Förderung der Leistungserbringung nach dem Prinzip der Gegenseitigkeit im sozialen Zusammenhang (z.B. Familie/Haushalt, Nachbarschaft, Quartier, Verein),

- Zusammenwirken verschiedener öffentlicher Akteure, verschiedener privater Akteure sowie öffentlicher *und* privater Akteure,

- Sicherung der Interoperabilität von Teilsystemen – z.B. zwischen Verkehrsmitteln („intermodal"), zwischen Zuständigkeiten (Bund, Länder, Regionen, Städte/Gemeinden) oder zwischen benachbarten Teilräumen (z.B. EU-Länder).

Die (Teil-)Systeme und deren Einzelelemente sollen „systemcharakteristisch" in der Lage sein, sich an veränderte Anforderungen anzupassen und mögliche (unerwünschte) Auswirkungen zu vermeiden. Dies setzt entsprechende Kapazitäten und Verfahren sowie ausreichende Zeiträume für Anpassungen voraus und kann durch entsprechende Anpassungsstrategien vorbereitet und unterstützt werden. Eingesetzt werden können Maßnahmen mit entsprechenden Bewältigungskapazitäten – z.B. Schadenbeseitigung oder Schadensbegrenzung (etwa Dämme an Flussläufen, Retentionsflächen, Wasserspeicherung).

Konsequenzen für die Stadt

Die Aufgabe, die Resilienz von Städten – als räumlich verorteten Wirtschafts-, Sozial- und Ökologiesystemen – zu erhöhen, bringt strukturell veränderte Anforderungen mit sich: Dies betrifft die Gestaltungsprinzipien, aber auch Planungs- und Entscheidungsprozesse sowie Zuständigkeiten, Verantwortlichkeiten und Organisationsformen. Städte müssen in ihren Raumstrukturen, hinsichtlich ihrer Leistungserbringung und Qualitäten sowie insbesondere mit Blick auf die technischen Infrastrukturen – letztlich auch hinsichtlich der Systeme sozialer Infrastrukturen – völlig „neu gedacht" werden. Die neuen Anforderungen werden bestimmt durch die Ziele der Nachhaltigkeit, des Klimaschutzes und der Bewältigung des Klimawandels, der Umsetzung der Energieeinsparung und der Energiewende, „postfossiler" Energiebereitstellung, des Umwelt- und Ressourcenschutzes, aber auch der Sicherheit und Gesundheitsförderung. Vor diesem Hintergrund müssen vor allem jene Verfahren, Maßnahmen und Teilsysteme oder Betriebsformen identifiziert und einem höherem Niveau der Resilienz zugeführt werden, die für die Systemfunktionsfähigkeit „kritisch" sind.

Dazu müssen die Vernetzung, die Wechselwirkungen und die positiven wie negativen Rückkopplungen systemanalytisch betrachtet werden. Es gilt „systemkritische" aktive Einflussparameter zu ermitteln, welche die Systemstabilität gefährden können. Um die Wahrscheinlichkeit und die Ursachen von Systemstörungen zu klären, können Szenarien über die sich verändernden Rahmenbedingungen („Megatrends") erarbeitet und auf ihre Wirkungen hin untersucht werden. Die Szenarien können auch Grundlage sein, um Handlungs- wie Finanzierungskonzepte zu erarbeiten, welche die Resilienz der Städte als Systeme fördern – beispielsweise indem sie deren Robustheit erhöhen oder Anpassungsfähigkeit verbessern. Hierfür bedarf es geeigneter Überwachungs-, Simulations- und Prognoseverfahren.

Das erforderliche „neue" Denken in den Regionen, Städten und Quartieren sowie in ihren technischen und sozialen Infrastrukturen muss vermehrt von folgenden Prinzipien geleitet sein:

- Dezentralität,

- Vernetzung,

- Diversifizierung (von Leistungsangeboten, Strukturen und Verfahren),

- Fehlerfreundlichkeit/-toleranz,

- Sichern von Rückkopplungen,

- Gewährleisten von Pufferkapazitäten.

Monostrukturen und zentrale Großeinrichtungen oder Monopolanbieter wirken mit Blick auf die Förderung von Resilienz eher kontraproduktiv.

Das notwendige Denken in Systemdienstleistungen wie auch der – bewusste und prüfende – Umgang mit der (Aussagen-)Unsicherheit kann nur interdisziplinär und in Kooperation von Forschung, Entwicklung und Praxis gelingen. Es bedarf des Zusammenwirkens von Politik, Fachverwaltungen, lokaler/regionaler Wirtschaft, Zivilgesellschaft und Bürgerschaft, um das Verständnis für notwendige Systemänderungen zu fördern, um die Akzeptanz solcher Systemänderungen zu sichern und um gemeinsames abgestimmtes Handeln zu gewährleisten.

Nur so kann die potenzielle Verletzlichkeit auf allen betroffenen Ebenen,

- Person, Familie, Haushalt oder Gruppe,

- Einzelunternehmen, Unternehmens-Cluster, regionale Wirtschaft,

- Einzelgebäude, Gebäudegruppen, Straße, Nachbarschaft, Quartier, Gemeinde/Stadt, Region und Staat sowie

- Ökonomie, Ökologie, Soziales, Kultur,

betrachtet und verringert werden – mit dem Ziel, die Resilienz zu steigern. Dazu bedarf es vor allem einer verstärkten Ausgestaltung „dezentraler" – das kann auch heißen: unternehmerischer und zivilgesellschaftlicher – Verantwortlichkeiten. Dann können notwendige Transformationen gefördert und vermeintliche Pfadabhängigkeiten von technologischen oder sozialen Entwicklungen überprüft und gegebenenfalls aufgelöst oder verringert werden. Dezentrale Verantwortung und Zuständigkeit erscheinen als eine wichtige Voraussetzung für Lernfähigkeit, Anpassungsfähigkeit, Steigerung von Belastbarkeit, Widerstandsfähigkeit und Robustheit der Städte und ihrer Teilsysteme. Dies setzt eher offene „Governance-Strukturen" als feste „Government-Strukturen" voraus, ebenso Beteiligung und Mitwirkung sowie demokratische Selbstbestimmtheit, und basiert auf „starken" wirtschaftlichen und zivilgesellschaftlichen Strukturen.

Zum Nach- und Weiterlesen

Bürkner, Hans-Joachim (2010): Vulnerabilität und Resilienz: Forschungsstand und sozialwissenschaftliche Untersuchungsperspektiven, Erkner bei Berlin (Working Paper 43, Leibniz-Institut für Regionalentwicklung und Strukturplanung).

Vester, Frederic (2004): Biokybernetik und der Weg zur Nachhaltigkeit, in: Malik, Fredmund (Hrsg.): forum Nr. 10/2004, St. Gallen.

Holger Floeting

Von harten Zielen und weichen Maßnahmen – Sind „resiliente" Städte „sichere" Städte?

Sicherheit und Ordnung in der Stadt sind kontrovers diskutierte Themen. Wie sicher eine Stadt ist, sagt etwas über die Lebensqualität ihrer Bürgerinnen und Bürger aus. Die Attraktivität einer Stadt als touristisches Ziel hängt auch von deren Sicherheit ab. Auch als Standortfaktor bei der Ansiedlung von Unternehmen spielt die Sicherheit eine Rolle. Objektive Sicherheit und subjektiv wahrgenommene oder medial vermittelte Sicherheit müssen aber nicht deckungsgleich sein. Zu den Paradoxien der Diskussion über die Sicherheit in Städten gehört es, dass die objektive Ausprägung von Sicherheitsindikatoren (z.B. die Zahlen der polizeilichen Kriminalstatistik) häufig von der subjektiven Wahrnehmung abweicht und dass ein Mehr an Maßnahmen zugunsten der Sicherheit (z.B. verstärkte Polizeipräsenz oder verstärkter baulicher Schutz) nicht zwangsläufig bei den Bürgerinnen und Bürgern mit dem Gefühl von mehr Sicherheit verbunden ist. Kann es also gelingen, Städte „widerstandsfähig" gegen Bedrohungen der Sicherheit und Ordnung zu machen? Welche Aufgaben sind damit verbunden und welche Akteure beteiligt? Welche Aufgaben können die Kommunen dabei übernehmen? Was bedeutet Resilienz im Kontext von Fragen urbaner Sicherheit?

Vielfalt der Aufgaben

Urbane Sicherheit zu schaffen und zu gewährleisten umfasst eine Vielfalt von Aufgaben (vgl. Abb. 1): Städte müssen wie andere Räume auch vor *Naturgefahren* geschützt sein. Die Anpassung der Städte an die Anforderungen, die aus dem Klimawandel resultieren (Veränderungen bei Magnitude und Frequenz natürlicher Prozesse und damit verbunden bei exponierten Werten, Veränderungen bei der Anzahl gefährdeter Personen, den Ausbreitungsmustern übertragbarer Krankheiten, beim Wasserhaushalt usw.), und die damit verbundenen veränderten Vulnerabilitäten werden diese Aufgaben erheblich verändern (vgl. Die Bundesregierung 2008; MUNLV-NRW 2009; BMVBS 2010).

Neben Naturgefahren muss man sich in Städten mit *technischen Gefahren* unterschiedlichster Art auseinandersetzen. Dies reicht von Kraftwerksunfällen über Großbrände und Havarien von Industrieanlagen bis zum Ausfall von Versorgungseinrichtungen und Gefahrgutschadensereignissen. Die Reaktion auf einen möglichen *Massenanfall von Verletzten und Erkrankten* z.B. bei Unglücken im ÖPNV, in Wohnanlagen, bei Großveranstaltungen oder Bombenanschlägen benötigt besondere Vorkehrungen hinsichtlich der Organisation, der medizinischen Anforderungen usw., da reguläre Rettungsdienste in einem solchen Fall schnell an die Grenzen ihrer Leistungsfähigkeit gelangen könnten (vgl. Arbeitsgruppe der Hilfsorganisationen im Bundesamt für Bevölkerungsschutz und Katastrophenhilfe 2006).

Die *Sicherung kritischer Infrastrukturen* – seien es Wasser- oder Energieversorgung, Transport- und Telekommunikationssysteme, Gesundheitswesen und Notfalldienste, seien es Behörden- oder Bankdienste – gehört zu den essentiellen Bestandteilen urbaner Sicherheit, ohne die dramatische Versorgungsengpässe und erhebliche Störungen der öffentlichen Ordnung auftreten könnten (vgl. BMI 2009).

Die *Bedrohung durch Terrorismus* spielt in der jüngeren sicherheitspolitischen Diskussion eine wesentliche Rolle. Die Art der Bedrohung hat sich in den letzten Jahren gewandelt: Terrorismus agiert transnational und sucht sich symbolische Anschlagziele. Terroristische Anschläge zielen auf große Opferzahlen und sind in der Opferauswahl willkürlich. Die Anschlagereignisse werden für die „mediale Kriegsführung" genutzt. Damit rücken Ziele in großen Metropolen und städtische

Raumstrukturen in den Mittelpunkt. Städtische Sicherheit muss sich daher in zunehmendem Maß auch mit terroristischer Bedrohung auseinandersetzen, wenngleich die Zahl der Schadensereignisse bisher verglichen mit anderen Bereichen urbaner Sicherheit äußerst gering ist.

Daneben sind es aber vor allem die alltäglichen Bedrohungen der Sicherheit und Störungen der öffentlichen Ordnung, die das Handeln der kommunalen Akteure urbaner Sicherheit bestimmen. Dazu gehören beispielsweise die Verkehrssicherheit einschließlich der Straßenverkehrssicherheit und der Verkehrsüberwachung, aber auch der Umgang mit einer Vielzahl von Störungen der öffentlichen Ordnung unterhalb der Strafwürdigkeit. Verfallserscheinungen der gebauten Umwelt oder der sozialen Ordnung werden als Zeichen sozialer Desorganisation gedeutet und heute in der Forschung als *Incivilities* bezeichnet. Sie reichen von Belästigungen wie Hundekot auf dem Bürgersteig oder Abfallablagerung in öffentlichen Anlagen bis zu Vandalismusschäden oder dem störenden Alkoholkonsum im öffentlichen Raum. Gerade der Alkoholkonsum im öffentlichen Raum, die damit zum Teil verbundenen Störungen und die (eingeschränkten) Handlungsmöglichkeiten der Kommunen sowohl im präventiven (Gesundheitsförderung, Suchtvorbeugung, Prävention anlässlich lokaler Veranstaltungen usw.) wie im restriktiven Bereich (Anwendung des Jugendschutzgesetzes, Verfügungen auf Basis des Gaststättengesetzes, Alkoholverbot in der Öffentlichkeit, Testkäufe, kommunale Werbebeschränkungen usw.) sind ein viel diskutiertes Thema urbaner Sicherheit, das besonders auch die Diskussion über das subjektive Sicherheitsgefühl der Bürgerinnen und Bürger in den vergangenen Jahren bestimmt hat (vgl. DStGB/Drogenbeauftragte der Bundesregierung 2009).

Abbildung 1   Aufgabenbereiche urbaner Sicherheit

Quelle: Eigene Zusammenstellung. Fotos v.r.n.l.: Manfred Sauke, Joachim Müllerchen, John Kerstholt, Joachim Gundlach, Usien, James Tourtellotte, Atamari, Maximilian Dörrbecker, Doris Antony.

Im Zuge eines sich verstärkenden Diskurses über die urbane Sicherheit gewinnen Fragen der sicheren Gestaltung von Städten auch im stadtentwicklungspolitischen Kontext eine größere Bedeutung. Tatsächliche und vermeintliche Bedrohungen gehen dabei nicht nur von einzelnen Großschadensereignissen aus. Betroffen sind auch nicht nur die Megametropolen und Weltstädte. Vielmehr stehen alltägliche Kriminalität und alltägliche Gefahren in städtischen Räumen im Blickpunkt. Gerade urbane Transformationsprozesse mit ihren Strukturbrüchen und gravierenden sozioökonomischen Veränderungen bilden den Hintergrund für die Befürchtung, Stadträume seien unsicher oder könnten unsicher werden. Die kommunale Ebene nimmt diese Bedürfnisse wahr: „Von den Bürgerinnen und Bürgern wird durchgängig die saubere und sichere Stadt ohne sog. Angsträume als prioritäres Ziel eingefordert" (DST 2011, S. 5).

Städte werden in der medialen Berichterstattung und öffentlichen Diskussion oft als Brennpunkte der Kriminalität dargestellt. Eine tatsächliche oder behauptete zunehmende Kriminalitätsfurcht bestimmt die Argumentation oft in stärkerem Maß als die tatsächliche Kriminalitätsentwicklung. Diese wird statistisch auch nur unzureichend abgebildet, sodass eine umfassende Darstellung der Kriminalitätsentwicklung in den Städten (auch ein Vergleich zwischen den Städten) allein anhand der polizeilichen Kriminalitätsstatistik nicht sinnvoll ist. Zu unterschiedlich sind die örtlichen Bevölkerungs- und Tatgelegenheitsstrukturen, Lebensformen und Lebensstile sowie Anzeigeverhalten und Deliktstrukturen (vgl. BMI 2012). Grundsätzlich kann man aber feststellen, dass die Sicherheitslage in den deutschen Verdichtungsräumen „weit weniger kritisch [ist] als in den meisten Städten Europas und der Welt" (DST 2011, S. 5). Allerdings gibt es gerade im Bereich der Metropolregionen „klare Signale dafür, dass unser Sicherheitssystem weiterentwickelt und ausgebaut werden muss" (ebenda), um neuen Sicherheitsanforderungen gerecht zu werden. Zu den neuen Problemlagen werden beispielsweise gezählt:

- *Gefahr von Segregation* „anstatt objektiv und subjektiv sicherheitsfördernder Integration" (DST 2011, S. 5),

- *organisierte Kriminalität und Korruption* (DST 2004; DST 2011),

- *Gefahren der Innenstadtentwicklung* „etwa durch einseitige Entwicklungen, wie die Ansiedlung von Spielhallen und ähnlichen Betrieben" (DST 2011, S. 5),

- neue Sicherheitsprobleme in Gebieten mit *negativer demographischer Entwicklung*: „Wohnungsleerstände ebenso wie hohe Arbeitslosigkeit führen zu bedenklichen Schwächen sozialer Nahräume" (ebenda),

- eine *gewachsene Erwartungshaltung der Bürgerinnen und Bürger* im Bereich der öffentlichen Ordnung und der allgemeinen Gefahrenabwehr (DST 2004, S. 1).

Obwohl sich Risiken und Bedrohungen natürlich lokal auswirken und Unsicherheitsgefühle vor allem lokal wahrgenommen werden – „Kriminalitätsschwerpunkte", „kritische Infrastrukturen", „No-Go-Areas" sind nur drei Begriffe, die die örtliche Verankerung von Sicherheitsfragen deutlich machen –, gibt es bisher keine umfassende kommunale Sicherheitspolitik. Dennoch entwickeln sich aus dem pragmatischen Handeln neue urbane Sicherheitskulturen (vgl. Floeting 2006).

Vielzahl der Akteure

Die Vielfalt der Aufgaben urbaner Sicherheit macht deutlich, dass eine Vielzahl von Akteuren dabei mitwirkt, Sicherheit und Ordnung in den Städten zu schaffen und zu gewährleisten (vgl. Abb. 2). Zudem hat sich die Zahl der beteiligten Akteure in den letzten Jahren weiter vergrößert: Strukturelle Veränderungen wie die fortschreitende internationale Vernetzung, die Privatisierung und Aufteilung ehemals staatlicher Infrastrukturen sowie mono- und oligopolistischer Anbieter (z.B. der Energie-, Telekommunikations- und Wasserversorgung oder des Transports) und die zunehmende Abhängigkeit von Informationstechnik machen es nötig, neue Akteure einzubeziehen und Schutzkonzepte insgesamt neu zu formulieren (vgl. Floeting 2006). Allein ein Blick auf die kommunale Ebene macht deutlich, welche erheblichen Aufgabenzuwächse im Bereich urbaner Sicherheit und Ordnung sich entwickelt haben: Die Aufgabenbereiche der Ordnungsämter haben sich beispielsweise in den letzten Jahren deutlich erweitert. Dies ist auch teilweise darin begründet, dass immer mehr ehemals polizeiliche Aufgaben von den kommunalen Ordnungsämtern wahrgenommen werden müssen (vgl. DST 2011). So zeigt eine vom Difu durchgeführte, durch das Bundesministerium für Bildung und Forschung geförderte Befragung, dass zwar weit über 90 Prozent der Ordnungsämter in deutschen Städten mit 50.000 und mehr Einwohnern angeben, die Zusammenarbeit mit der Polizei funktioniere grundsätzlich gut. Zugleich wird aber von rund drei Vierteln der Ordnungsämter beklagt, dass die Polizei immer mehr Aufgaben an das Ordnungsamt abgibt. Besonders Kommunen mit eigenen kommunalen Ordnungsdiensten sind davon betroffen: Während nur rund die Hälfte der Kommunen ohne eigenen Ordnungsdienst dieser Ansicht ist, beklagen dies mehr als 80 Prozent der Kommunen mit Ordnungsdienst.

Abbildung 2   Kooperationsstrukturen urbaner Sicherheit

Quelle: Difu-Umfrage „Sicherheit in deutschen Städten" 2011.

Neben der Polizei auf staatlicher Ebene und den Ordnungsämtern auf kommunaler Ebene ist eine Vielzahl weiterer Akteure mit Aufgaben betraut, die der urbanen Sicherheit und Ordnung dienen. Allein ein Blick auf die Kooperationspartner der Ordnungsämter macht dies deutlich. Zu ihnen gehören: andere städtische Ämter wie Jugendamt, Schulamt, Gesundheitsamt, aber auch die Bauverwaltung und das Stadtplanungsamt sowie, über die Stadtverwaltung hinaus, Kammern und Verbände, Einzelhandel, Wohnungswirtschaft, Vereine und Bürgerinitiativen, aber auch einzelne Bür-

17

gerinnen und Bürger, die sich engagieren. Nicht zuletzt ist urbane Sicherheit auch eine wichtige Aufgabe für die Kommunalpolitik (vgl. Floeting/Seidel-Schulze 2012).

Kommunale Aufgaben

Zu den vorrangigen öffentlichen Aufgaben gehört „die Gewährleistung der Sicherheit und Ordnung" (DST 2011, S. 5). Schutz und Sicherheit der Bürgerinnen und Bürger werden in Deutschland in erster Linie durch die Polizei gewährleistet. Die kommunale Ebene nimmt in diesem Zusammenhang vor allem Aufgaben zur Gewährleistung von Ordnung und zur Prävention von Gewalt und Kriminalität wahr. Die Sicherheit in den Städten zu gewährleisten ist also eine staatliche Aufgabe, die von Bund und Ländern übernommen wird. Gleichwohl richten sich die Erwartungen der Bürgerinnen und Bürger, sichere Lebensräume zu schaffen und zu gewährleisten, gerade an die Städte und Gemeinden: „Die Bürger fragen nicht nach gesetzlichen Zuständigkeiten bei der Kriminalitätsbekämpfung" (DST 2011, S. 4). Vor dem Hintergrund begrenzter kommunaler Finanzmittel muss aber diskutiert werden, wie wichtig den Bürgerinnen und Bürgern die Sicherheit und Ordnung für die Lebensqualität in ihrer Stadt ist und welche Mittel man dafür aufzuwenden bereit ist. Schließlich geht es dabei um eine Aufgabe, die quasi in finanzieller Konkurrenz zu anderen öffentlichen Aufgaben steht. Die kommunalen Aufgaben in Bezug auf die Sicherheit in der Stadt konzentrieren sich im Wesentlichen auf folgende Zielbereiche:

- *Gefahrenabwehr* (Erteilung und Entziehung von Gewerbeerlaubnissen für Gaststätten, Spielhallen usw., Festlegung von Sperrbezirken usw., Unterbringung von Obdachlosen, Regelung der Polizeistunde, Umgang mit Jugendschutz und Versammlungsrecht) (vgl. auch Wohlfahrt 2007);

- *Maßnahmen der Städtebaupolitik* (Festlegung von Nutzungsstrukturen, Vermeidung von städtebaulichen Angsträumen usw.) (vgl. DST 2006; Innenministerium des Landes Schleswig-Holstein 2006; ILS 2007);

- *Gestaltung von Rahmenbedingungen zur Kriminalprävention* (Sozial-, Jugend-, Familien-, Wohnungs-, Bildungs-, Kultur-, Beschäftigungspolitik usw.) (vgl. beispielsweise Baier u.a. 2009; Ministerium für Bauen und Verkehr des Landes Nordrhein-Westfalen 2009).

Sicherheits- und Präventionsmaßnahmen als eigenständige Aufgaben wurden in diesen Kontexten erst langsam thematisiert. „Was dabei an sicherheitsspezifischen und kriminalpräventiven Wirkungen entsteht, wurde jedoch von der kommunalen Praxis über lange Zeit, von wenigen Teilbereichen abgesehen, keineswegs ausdrücklich angestrebt, oft genug nicht einmal als Nebenwirkung der eigentlichen Aufgabenerfüllung zur Kenntnis genommen" (v. Kodolitsch 2003, S. 6).

Erst seit Beginn der 1990er-Jahre haben die Kommunen Sicherheit als Querschnittsaufgabe entdeckt und integrierte Ansätze zum Umgang mit dem Thema entwickelt. Diese werden meist unter dem Leitbegriff „kommunale Kriminalprävention" zusammengefasst (vgl. DST 2004, S. 2). Zu den Organisationsformen kommunaler Sicherheitspolitik zählen z.B.

- *Ordnungs- und Sicherheitspartnerschaften* zwischen Polizei und Stadt: Sie sollen der Tendenz entgegenwirken, „die alleinige Verantwortung für die Sicherheit bei der Polizei, für die öffentliche Ordnung aber bei den Städten anzusiedeln" (ebenda);

- *kriminalpräventive Gremien*: Sie sollen bürgerschaftliches Engagement einbinden und zur Entwicklung kleinteiliger Lösungen beitragen (vgl. Schreiber 2007; Kolbe 2005);

- *kommunale Ordnungsdienste*: Sie übernehmen Ordnungsaufgaben, die von der Polizei aufgrund von Sparzwängen in den Landeshaushalten nicht mehr wahrgenommen bzw. von den Städten nicht mehr anderweitig erledigt werden (z.B. Kontrollaufgaben, die früher durch Parkwächter, Schaffner usw. erledigt wurden) (vgl. Leonhardt 2007).

Resilienz als Handlungsgrundsatz für sichere Städte?

„Resilienz" verspricht wie „Nachhaltigkeit" zum Modewort zu werden. Alle Bereiche der Gesellschaft sollen resilient gestaltet werden. Der Begriff ist hinreichend schillernd, dass jeder Nutzer darunter etwas anderes verstehen kann. Aber was verbirgt sich hinter dem Begriff im Zusammenhang mit der Sicherheit von Städten?

Mit der Schaffung resilienter Strukturen können weder Risiken und Bedrohungen beseitigt noch Schadensereignisse ausgeschlossen werden. Resiliente Strukturen können aber eventuell dazu beitragen, Risiken und Bedrohungen zu minimieren, Schadensereignisse zu begrenzen und im besten Fall auch zu verhindern, vor allem aber Schadensfolgen abzumildern. Gemeint ist mit Resilienz hier die Schaffung widerstandsfähiger Strukturen in allen Phasen des Umgangs mit Risiken, Bedrohungen und Schadensereignissen.

Zunächst geht es darum, auf Risiken, Bedrohungen und Schadensereignisse vorbereitet zu sein. Im Zusammenhang mit der Vielfalt von Aufgaben urbaner Sicherheit bedeutet dies zu wissen, welchen konkreten Naturgefahren und technischen Gefahren die Stadt (auf allen ihren räumlichen Ebenen) ausgesetzt ist, welche Tatgelegenheitsstrukturen sie bietet, wo ihre kritischen Infrastrukturen liegen usw. Die neuen Möglichkeiten der Informations- und Kommunikationstechnologien und der Nutzung geobasierter Informationen bieten dabei erhebliche Potenziale für die Verbesserung des „Vorbereitet-Seins". Kriminologische Regionalanalysen für den Bereich der Sicherheit und der subjektiven Sicherheitswahrnehmung (vgl. Polizeipräsidium Mittelfranken 2012; Völschow/Janßen 2011; Hunsicker 2006) oder umfassende Risikoanalysen und Sicherheitsberichte auf städtischer Ebene (vgl. Stadt Luzern 2010), die unterschiedliche Bereiche von Sicherheit und Ordnung betrachten und in ihrem Zusammenspiel behandeln, sind Beispiele für die Vorbereitung auf Risiken, Bedrohungen und Schadensereignisse.

Auf Basis der Analysen können *Präventionskonzepte* für die unterschiedlichen Handlungsbereiche (z.B. im engeren Sinne des Präventionsbegriffs zur Prävention von Kriminalität und subjektiver Unsicherheit, für ausgewählte Zielgruppen, zur Verbesserung des Stadtteilimages, zur präventiven Verkehrsplanung und -erziehung) und Präventionsstrukturen (Präventionsrat, Arbeitskreise usw.) entwickelt werden (vgl. Rolfes u.a. 2011). Dabei geht es darum, Gefahren rechtzeitig zu erkennen und effektiv zu bekämpfen. Bereits in den 1990er-Jahren haben sich auf Stadt- und Stadtteilebene zunehmend ressortübergreifende Zusammenschlüsse in unterschiedlichen Institutionalisierungsformen etabliert, die zum großen Teil auch durch kommunalparlamentarischen Beschluss legitimiert sind (vgl. Schreiber 2007). Solche Präventionskonzepte und -strukturen bestehen beispielsweise auch im Bereich des Schutzes kritischer Infrastrukturen, im Umgang mit Natur- und technischen Gefahren usw.

Der *Schutz* der städtebaulichen Strukturen vor Risiken, Bedrohungen und Schadensereignissen durch das „Härten" von potenziellen Zielen (z.B. Schaffung von baulichen Strukturen, die Terroranschlägen oder Naturkatastrophen widerstehen können) steht häufig im Mittelpunkt der Maßnahmen. Dies dient dem Ziel, die Verwundbarkeit der städtischen Strukturen zu minimieren. Es reicht (je nach „Bedrohung") von der veränderten Möblierung des öffentlichen Raumes, um den Aufenthalt von Personen, die Störungen verursachen, zu erschweren, über den Einsatz vandalismus-resistenter Baumaterialien (beim Umgang mit „Incivilities") bis zur Konstruktion von Gebäuden, die auf die Bedrohung durch Sprengstoffanschläge ausgelegt sind (beim Umgang mit terroristischer Bedrohung). Auch bauliche Maßnahmen zur Zugangsbeschränkung (wie Sicherheitssperren, -zäune, -poller usw.) sollen die Sicherheit der städtischen Strukturen erhöhen.

Der Einsatz von Informations- und Kommunikationstechnik (IuK) gehört zunehmend zum Maßnahmenkatalog. Die Nutzung von durch IuK gestützten Sicherheitstechniken kann die Zugänglichkeit der Stadt verbessern, wenn beispielsweise bauliche Sicherheitsmaßnahmen wie Zäune, Sicherheitsabstände und Verbauungen durch technische Kontrollsysteme und temporäre Intervention ersetzt werden können. Sie kann die Zugänglichkeit von bestimmten Bereichen der Stadt aber auch verringern, wenn über technische Systeme Zugangsrestriktionen durchgesetzt werden – und sie kann in erheblichem Maß sozial selektiv eingesetzt werden und wirken (vgl. Floeting 2006). Das „Härten" von potenziellen Zielen zeigt sich als schleichender Prozess der „Befestigung" von Städten. Zunächst nimmt die Aufmerksamkeit für die Geschehnisse im öffentlichen Raum zu, und es etabliert sich eine informelle Überwachung. Die sicherheitstechnische Ausrüstung wird verbessert. Regelungen, die den Aufenthalt in öffentlichen Räumen regulieren, werden verschärft. Bauliche Veränderungen wie die Errichtung von Zäunen und Wällen, Zugangstoren und die Entwicklung „wehrhafter Architekturen" finden Einzug in die Städte (vgl. Oc/Tiesdell 2000). Es entwickeln sich vermeintliche „Archipele der Sicherheit" wie Shopping-Malls, Bahnhöfe, innerstädtische Plätze, Business Improvement Districts, Gated Communities (vgl. Wehrheim 2002).

Abbildung 3   Resilienzzyklus urbaner Sicherheit

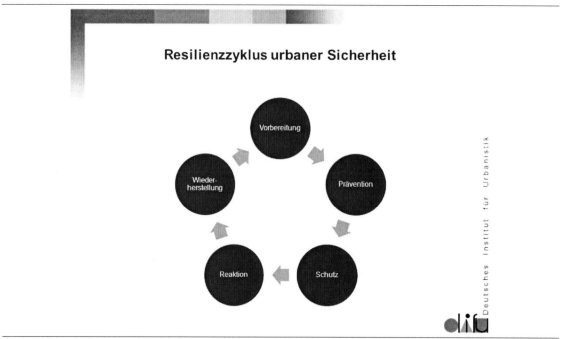

Quelle: Thoma (2012) verändert.

Resiliente Strukturen erlauben beim Eintreten von Schadensereignissen eine schnelle *Reaktion*. Je nach Handlungsbereich urbaner Sicherheit kann dies unterschiedlich gestaltet sein: Der Umgang mit „Incivilities" (z.B. Beschädigungen durch Grafitti), die alltäglich auftreten, erfordert als kurzfristige Reaktion schnelle, möglichst unaufwendige Maßnahmen (Beseitigung von Verschmutzungen, Beschädigungen usw.), benötigt aber langfristig tragfähige Strukturen zum gemeinsamen Handeln der professionellen Akteure (z.B. Jugendarbeit) unter Einbindung der Zivilgesellschaft (soziale Verantwortung für den Raum) und einen tragfähigen gesellschaftlichen Konsens in Bezug auf die Mischung von präventiven und repressiven Maßnahmen. Abhängig von der Eintrittswahrscheinlichkeit bzw. -häufigkeit und dem zu erwartenden Schadensumfang sind resiliente Reaktionsstrukturen unterschiedlich gestaltet. Dies gilt auch für die Wiederherstellung der Strukturen nach Schadensereignissen. Auch wenn der Resilienzzyklus urbaner Sicherheit (vgl. Abb. 3) zunächst im Kontext von Schadensereignissen größeren Ausmaßes (Krisen, Katastrophen) Anwendung findet, gelten dessen Prinzipien im Umgang mit Fragen der urbanen Sicherheit auch in anderen Bereichen (z.B. Kriminalität oder „Incivilities"). Auch hier geht es darum, Risiken realistisch einzuschätzen, geeignete Präventionskonzepte und -maßnahmen zu entwickeln, die Verwundbarkeit zu vermindern, im Schadensfall adäquat zu reagieren und nach Schadenseintritt wieder funktionierende Strukturen herzustellen.

Wichtige Prinzipien der Resilienz sind dabei Dezentralität, Redundanz, Selbstorganisationsfähigkeit und Robustheit. Diese Prinzipien lassen sich sowohl auf bauliche und technische wie auf soziale Strukturen anwenden. Resilienz kann damit als Handlungsgrundsatz für sichere Städte dienen. Es wird aber auch deutlich: Resilienz kann nicht allein im „Härten" potenzieller Ziele gegenüber Schadensereignissen bestehen. Sie muss vielmehr einen umfassenden Zyklus aus Vorbereitung, Prävention, Schutz, Reaktion und Wiederherstellung beinhalten.

Urbane Sicherheit als Gemeinschaftsaufgabe

Städte und ihre Bürgerinnen und Bürger werden sich in Zukunft stärker mit Sicherheitsfragen auseinandersetzen. Es entwickeln sich in vielen Handlungsbereichen urbane Sicherheitskulturen – bisher aber eher als Reaktion auf konkrete Anlässe und ad hoc formulierte Sicherheitsansprüche denn auf Basis integrierender konzeptioneller Überlegungen sowie durch persönliche Kontakte. Für sichere Städte zu sorgen bleibt dabei eine Aufgabe, an der viele Akteure beteiligt sind. Doch viele von diesen sind sich der Wirkung ihres Handelns auf Sicherheitsfragen in der Stadt noch kaum bewusst. Daher ist es zunächst einmal notwendig, das Bewusstsein für Fragen der Sicherheit und Ordnung bei den unterschiedlichen Akteuren zu wecken. Es gilt kooperative Strukturen aufzubauen und dann auch praktisch kooperativ zu handeln. Urbane Sicherheit – die einen wesentlichen Teil der Lebensqualität für die Bürgerinnen und Bürger der Städte ausmacht – darf dabei nicht nur Handlungsfeld für „Ad-hoc-Interventionen" sein, sondern muss als kontinuierliche Aufgabe und gemeinschaftliches Ziel der Stadtgesellschaft begriffen werden.

Die Beschäftigung mit Sicherheit und Ordnung als Phänomenen, die sich in unterschiedlicher Ausprägung in den städtischen Räumen zeigen, sollte nicht zur verkürzten Schlussfolgerung führen, Probleme mit Sicherheit und Ordnung in der Stadt ließen sich primär mittels stadträumlicher Interventionen lösen. Zu vielschichtig sind die sozioökonomischen Problemlagen, die als Ursache von Fehlentwicklungen gelten können und die letztlich als Erscheinungsformen von Unsicherheit in den Städten wahrgenommen werden. Für den Erhalt sicherer Städte müssen räumliche Entwicklungen berücksichtigt werden, ohne Fragen von Sicherheit und Ordnung simplifiziert zu „verräumlichen". Das Konzept der Resilienz als Handlungsgrundsatz für sichere Städte ermöglicht einen vorausschauenden Umgang mit Fragen der Sicherheit und Ordnung in der Stadt. „Resiliente" Städte sind „sichere" Städte, wenn sich Resilienz nicht nur auf das Härten von Gebäuden und Infrastrukturen beschränkt, sondern auch robuste Organisationsstrukturen und Modi im Umgang mit urbaner Sicherheit etabliert.

Zum Nach- und Weiterlesen

Arbeitsgruppe der Hilfsorganisationen im Bundesamt für Bevölkerungsschutz und Katastrophenhilfe (2006): Konzept zur überörtlichen Hilfe bei MANV, Bonn-Bad Godesberg, http://www.bbk.bund.de/SharedDocs/Downloads/BBK/DE/Downloads/GesBevS/Hilfekonzept_bei_MANV.pdf;jsessionid=232F6CE4327F0C192A4A08169006CAA0.1_cid356?_blob=publicationFile

Baier, Dirk, Christian Pfeiffer, Julia Simonson und Susann Rabold (2009): Jugendliche in Deutschland als Opfer und Täter von Gewalt, Hannover (Forschungsbericht Nr. 107, Kriminologisches Forschungsinstitut Niedersachsen e.V.).

Bundesministerium des Innern (2012): Polizeiliche Kriminalstatistik 2011, Berlin, http://www.bka.de/nn_193232/SharedDocs/Downloads/DE/Publikationen/PolizeilicheKriminalstatistik/ImkKurzberichte/pks2011ImkKurzbericht,templateId=raw,property=publicationFile.pdf/pks2011ImkKurzbericht.pdf

Bundesministerium des Innern (2011): Schutz Kritischer Infrastrukturen – Risiko- und Krisenmanagement. Leitfaden für Unternehmen und Behörden, Berlin.

Bundesministerium des Innern (2009): Nationale Strategie zum Schutz kritischer Infrastrukturen (KRITIS-Strategie), Berlin, http://www.bmi.bund.de/cae/servlet/contentblob/544770/publicationFile/27031/kritis.pdf

Bundesministerium für Verkehr, Bau und Stadtentwicklung (2010): Raumentwicklungsstrategien zum Klimawandel. Ein MORO-Forschungsfeld,Berlin, http://www.bbsr.bund.de/BBSR/DE/Veroeffentlichungen/BMVBS/MORO/7/moro7__2,templateId=raw,property=publicationFile.pdf/moro7_2.pdf

Deutscher Städtetag (DST) (2011): Sicherheit und Ordnung in der Stadt. Positionspapier des Deutschen Städtetages, Köln/Berlin.

Deutscher Städtetag (DST) (2006): Strategien für den öffentlichen Raum, Köln/Berlin.

Deutscher Städtetag (DST) (2004): Sicherheit und Ordnung in der Stadt, Positionspapier des Deutschen Städtetages, Köln/Berlin, http://www.staedtetag.de/imperia/md/content/dst/pp_sicherheitordnung_mai_2011.pdf

Deutscher Städte- und Gemeindebund (DStGB) und Drogenbeauftragte der Bundesregierung (2009): Alkoholprävention in den Städten und Gemeinden, Verlagsbeilage „Stadt und Gemeinden interaktiv" Ausgabe 7-8, http://www.dstgb.de/dstgb/DStGBDokumentationen/Nr.%2091%20%20Alkoholpr%C3%A4vention%20in%20St%C3%A4dten%20 und%20Gemeinden/Doku91_Alkoholpr%C3%A4vention.pdf

Die Bundesregierung (2008): Deutsche Anpassungsstrategie an den Klimawandel, Berlin, http://www.bmu.de/files/pdfs/allgemein/application/pdf/das_gesamt_bf.pdf

Floeting, Holger, und Antje Seidel-Schulze (2012): Sicherheit in der Stadt – eine Gemeinschaftsaufgabe. Ergebnisse aus zwei Kommunalbefragungen, Berlin (Difu Papers).

Floeting, Holger (2006): Sicherheitstechnologien und neue urbane Sicherheitsregimes, Wien (Österreichische Akademie der Wissenschaften).

Hunsicker, Ernst (2006): Kriminologische Regionalanalyse in der Stadt Osnabrück, in: forum kriminalprävention 1, S. 9–11.

Institut für Landes- und Stadtentwicklungsforschung und Bauwesen des Landes Nordrhein-Westfalen (ILS) (Hrsg.) (2007): Stadtentwicklung und Kriminalprävention. Planungen, Möglichkeiten, Chancen, Dortmund (ILS NRW Materialien 1/07).

Innenministerium des Landes Schleswig-Holstein, Landeskriminalamt (2006): Sachstandsbericht Kriminalprävention im Städtebau, Kiel.

Kolbe, Peter (2005): Staatlichkeit im Wandel am Beispiel der Kriminalprävention, in: Aus Politik und Zeitgeschichte, 46, S. 9–16.

Leonhardt, Werner (2007): Unsichere Städte? Was macht Städte sicherer?, in: der städtetag 60, Heft 2, S. 5–7.

Ministerium für Bauen und Verkehr des Landes Nordrhein-Westfalen (2009): Stadt und Sicherheit im demographischen Wandel, Düsseldorf.

Ministerium für Umwelt und Naturschutz, Landwirtschaft und Verbraucherschutz des Landes Nordrhein-Westfalen (2009): Anpassung an den Klimawandel, Eine Strategie für Nordrhein-Westfalen, Düsseldorf, http://www.umwelt.nrw.de/umwelt/pdf/klimawandel/Klimawandel_Anpassungsstrategie_Gesamt.pdf,

Oc, Taner, and Steven Tiesdell (2000): Urban Design Approaches to Safer City Centers: the Fortress, the Panoptic, the Regulatory and the Animated, in: Gold, J.R., and G. Revill (Eds), Landscapes of Defense, Upper Saddle River, S. 188–208.

Polizeipräsidium Mittelfranken (2012): Sicherheitsbericht Nürnberg 2011, http://www.polizei.bayern.de/content/4/3/7/4/5/sicherheitsbericht_stadt_nuernberg.pdf

Rolfes, Manfred, Dagmar Bode und Sven Deecken (2011): Präventionskonzept Wilhelmshaven, http://www.wilhelmshaven.de/portal/info/Praeventionskonzept_31_7_2011.pdf

Schreiber, Verena (2007): Lokale Präventionsgremien in Deutschland, Frankfurt/Main.

Stadt Luzern, Direktion Umwelt, Verkehr und Sicherheit (2010): Sicherheitsbericht Stadt Luzern 2010, http://www.stadtluzern.ch/dl.php/de/0d8yy-mdr08w/SiBe_Luzern_2010_06_23.pdf

Thoma, Klaus (2012): Future Urban Security. High-Tech für urbane Sicherheit. Vortrag am 23.4.2012, HMI Hannover, http://files.messe.de/001/media/02informationenfrbesucher/vortraege/2012_12/metropolitan_solutions/Future-Urban-Security-High-Tech-fuer-urbane-Sicherheit.pdf

Völschow, Yvette, und Wiebke Janßen (2011): Kriminologische Regionalanalyse mehrperspektivisch, in: forum kriminalprävention 4, S. 62–69.

von Kodolitsch, Paul (2003): Einführung: Sicherheit in der Stadt, in: Deutsche Zeitschrift für Kommunalwissenschaften (DfK), 42. Jg., Heft 1, S. 5–10.

Wehrheim, Jan (2002): Die überwachte Stadt. Sicherheit, Segregation und Ausgrenzung, Opladen.

Wohlfahrt, Jürgen (2007): Handlungsinstrumente örtlicher Gefahrenabwehr, in: der städtetag 60, Heft 2, S. 173–175.

Cornelia Rösler

Dem Klimawandel durch kommunale Anpassung begegnen!

Ein großer Teil klimarelevanter Emissionen wird aufgrund der räumlichen Konzentration unterschiedlicher Nutzungen in den Städten erzeugt. Sie tragen damit erheblich zum Klimawandel bei. Zugleich sind die Städte aufgrund eben dieser Konzentration von Menschen, Infrastrukturen und materiellen Werten vom Klimawandel und seinen möglichen Auswirkungen besonders betroffen.

Während der Klimaschutz bereits seit mehreren Jahren Bestandteil kommunalpolitischer Aktivitäten ist – einige Kommunen haben Klimaschutz schon Anfang der 1990er-Jahre als kommunale Aufgabe definiert – und viele Städte über eigene Klimaschutzziele, -strategien und/oder -konzepte verfügen, wird auf der kommunalen Ebene erst seit kurzem damit begonnen, sich auf die Folgen des Klimawandels einzustellen. Maßnahmen zur Anpassung an den Klimawandel stehen trotz ihrer großen Bedeutung für Stadtplanung und -entwicklung, für Umwelt und Gesundheit bisher in der kommunalen Praxis häufig noch nicht im Vordergrund. Ursachen hierfür können sowohl in unsicheren Prognosen im Hinblick auf Starkregenereignisse, Hitze- und Trockenperioden als auch im oftmals noch mangelnden Bewusstsein für die Auswirkungen und die damit verbundenen Handlungserfordernisse gesehen werden. Auch im Bauplanungsrecht, das für die Stadtplanung rechtlich maßgeblich ist, waren die Belange der Klimaanpassung im Gegensatz zu jenen des Klimaschutzes lange nicht enthalten. Erst mit der Novelle 2011 wurde eine Verantwortung zur Berücksichtigung des Klimawandels in das Baugesetzbuch aufgenommen.

Von der Notwendigkeit der Klimaanpassung ...

Mit dem Bericht des Intergovernmental Panel on Climate Change (IPCC) 2007 wurden die Auswirkungen des Klimawandels und die Erfordernisse des Klimaschutzes eindringlich dargelegt. Die Ergebnisse der Klimaforschung weisen übereinstimmend darauf hin, dass die Wahrscheinlichkeit von Stürmen, Dürreperioden und Überschwemmungen sowie die Gefahr der Verschiebung von Vegetationszonen weiter zunehmen werden. Auch in Deutschland haben extreme Überflutungen aufgrund von starken Niederschlägen, wie in Dresden im August 2002, der extreme Hitzesommer 2003 und heftige Stürme, wie Kyrill im Januar 2007, einen wesentlichen Beitrag dazu geleistet, dass Strategien zur Klimaanpassung als notwendig erachtet werden.

Auch das Jahr 2010 war durch mehrere Extremwetterereignisse geprägt und führte die Bedeutung des Klimas für Wohlbefinden und Gesundheit deutlich vor Augen. Im Westen und Südwesten Deutschlands sorgte im Februar 2010 das Orkantief „Xynthia" für Straßensperrungen und erhebliche Schäden; in Deutschland kamen sieben Menschen durch sturmbedingte Unfälle ums Leben. Im Juli 2010 erlebte Deutschland eine Hitzewelle mit Temperaturen bis zu 38 °C. Die Auswirkungen dieser Hitze machten insbesondere Schlagzeilen, als erstmals durch den Ausfall von Klimaanlagen in ICE-Zügen in den überhitzten Wagons einige Fahrgäste kollabierten. Im August folgte dann eine langanhaltende Regenperiode mit gebietsweise schweren Gewittern und damit verbundenen extremen Niederschlagsmengen, die lokal zu starken Überflutungen führten (vgl. BMU/DWD/UBA 2010).

Diese Entwicklung wird auch durch die Ergebnisse im Rahmen einer Difu-Umfrage im Herbst 2011 bestätigt (vgl. Rösler/Schormüller/Langel 2012), die sich neben dem Klimaschutz auch der Klimaanpassung widmete. Befragt wurden alle Landkreise, alle Städte mit mehr als 50.000 Einwohnern sowie eine repräsentative Stichprobe der Städte und Gemeinden mit weniger als 50.000 Einwohnern. Insgesamt nahmen 203 Städte und Gemeinden sowie 73 Landkreise teil. Auf die Frage, ob sie bereits von extremen Wetterereignissen betroffen waren, antworteten 175 Kommunen zustimmend und gaben unterschiedliche Wetterextreme an (siehe Abb. 1).

Abbildung 1   Kommunale Betroffenheit durch extreme Wetterereignisse

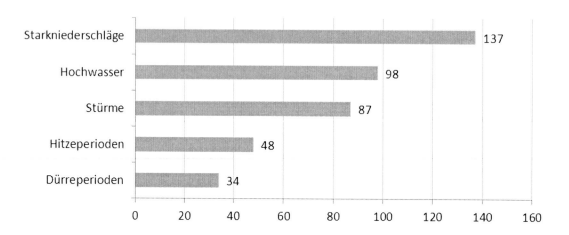

Difu-Umfrage 2011 (n=175/Mehrfachnennungen)

Deutsches Institut für Urbanistik **Difu**

Es wird davon ausgegangen, dass dieser Trend der Wetterextreme sich in den nächsten Jahren fortsetzen und verstärken wird.

... zur nationalen Anpassungsstrategie

Mit der Entwicklung von Anpassungsstrategien und -maßnahmen (Adaption) sollen die Auswirkungen und damit verbundenen Gefahren des Klimawandels für Mensch, Umwelt und Infrastruktur so weit wie möglich reduziert werden.

Auf nationaler Ebene hat das Bundeskabinett am 17. Dezember 2008 die Deutsche Anpassungsstrategie (DAS) an den Klimawandel beschlossen, die einen Rahmen für die Anpassung an das Klima in Deutschland setzen soll. Risiken des Klimawandels sollen bewertet, Handlungsbedarf benannt, entsprechende Ziele definiert sowie Anpassungsmaßnahmen entwickelt und umgesetzt werden. Für 13 Lebens-, Umwelt- und Wirtschaftsbereiche sowie den Bevölkerungsschutz und die Raumordnung werden mögliche Auswirkungen der beschriebenen Klimaänderungen dargestellt und Handlungsoptionen für die Anpassung skizziert[1]. Ziel der Anpassungsstrategie ist es, die Verwundbarkeit gegenüber den Folgen des Klimawandels zu mindern bzw. die Anpassungsfähigkeit natürlicher, gesellschaftlicher und ökonomischer Systeme zu erhalten oder zu steigern und mögliche Chancen zu nutzen. 2011 wurde eine weitere Konkretisierung durch den „Aktionsplan Anpassung der Deutschen Anpassungsstrategie an den Klimawandel" vorgenommen. Diese Ziele sind herausragende Merkmale resilienter Raum-, Infrastruktur- und Verkehrssysteme.

Aufgrund der spezifischen lokalen Auswirkungen und Verwundbarkeiten müssen Anpassungsstrategien und -maßnahmen auf kleinräumiger Ebene umgesetzt werden. In verschiedenen Bereichen der DAS wird auf Verknüpfungen zur Stadtentwicklung hingewiesen. Ein enger Zusammenhang wird zwischen der baulichen Stadtentwicklung und der Gesundheitsvorsorge gesehen. Eine geeig-

---

1   Handlungsfelder der Deutschen Anpassungsstrategie: Menschliche Gesundheit; Bauwesen; Wasserhaushalt, Wasserwirtschaft, Küsten- und Meeresschutz; Boden; Biologische Vielfalt; Landwirtschaft; Wald- und Forstwirtschaft; Fischerei; Energiewirtschaft (Wandel, Transport und Versorgung); Finanzwirtschaft; Verkehr, Verkehrsinfrastruktur; Industrie und Gewerbe; Tourismuswirtschaft; Querschnittsthemen: Raum-, Regional- und Bauleitplanung sowie Bevölkerungsschutz.

nete Architektur sowie Stadt- und Landschaftsplanung können dazu beitragen, die klimatisch bedingte verstärkte Aufheizung der Städte und damit den Hitzestress zu lindern. Zudem sollte in diesem Zusammenhang dem Trend einer weiteren Versiegelung von Freiflächen durch Siedlungs- und Verkehrsflächen entgegengewirkt werden.

Räumliche Vorsorgekonzepte werden in der Raum-, Regional- und Bauleitplanung entwickelt, womit sie am Anfang der Risikovermeidungskette stehen. Die räumliche Planung soll für zusammenhängende, nicht bebaute Gebiete und Frischluftschneisen sorgen, die vor allem einer Überwärmung im Sommer vorbeugen helfen. Die Raumordnung kann bei der Steuerung der Siedlungsentwicklung unter dem Aspekt der Gesundheit zukünftig verstärkt bioklimatischen Belastungsgebieten Rechnung tragen. Hier ergeben sich enge Berührungspunkte der Handlungsfelder der Regionalplanung und Stadtentwicklung. Insbesondere die Umsetzung kleinklimatischer Anpassungsstrategien setzt eine intensive Kooperation zwischen Stadt und Umland voraus.

Des Weiteren wird die Wichtigkeit des Themas „Bauen" hervorgehoben. Lang anhaltende Hitzewellen im Sommer, zunehmende Starkregen sowie stärkere Stürme könnten eine Gefahr für Gebäude, Bauwerke und die zugehörigen Infrastrukturen (wie die Kanalisation) darstellen.

Auch bei der Gebäudeplanung und der technischen Ausstattung sollten Anpassungen an klimatisch bedingte Veränderungen berücksichtigt werden. Thematisiert wird auch, dass sich CO_2-Minderungs- und Anpassungsmaßnahmen nicht immer sinnvoll miteinander verbinden lassen, da etwa die Verdichtung von Stadtstrukturen zu einem reduzierten Energieverbrauch beitragen kann, sich zugleich aber negativ auf das Stadtklima auswirkt. Die Gestaltung der verbleibenden Freiräume, geringe Bodenversiegelung, Wärmedämmung der Häuser sowie die Begrünung und Verschattung mit Laubbäumen können jedoch negativen Effekten der Verdichtung entgegenwirken (vgl. BMU 2009).

... zur Entwicklung von kommunalen Anpassungsstrategien

Inzwischen werden verstärkt Strategien sowie Konzepte diskutiert und erarbeitet, wie städtische Strukturen an die Folgen des Klimawandels angepasst werden können und müssen. Mit ihnen sollen die zu Gefahren und Problemen führenden Auswirkungen der bereits heute oder in Zukunft eintretenden Klimaänderung begrenzt werden[2].

Um einen adäquaten Umgang mit den Auswirkungen des Klimawandels zu finden, ist zunächst eine eingehende Analyse der regionalen und lokalen Auswirkungen des Klimawandels und seiner Folgen notwendig. Denn obwohl der Klimawandel ein globales Phänomen ist, treten seine Auswirkungen auf regionaler und lokaler Ebene aufgrund der unterschiedlichen klimabeeinflussenden Faktoren (z.B. Bodenbedeckung, Höhenlage, Lage zum Meer) höchst unterschiedlich zutage.

Für eine klimagerechte Stadtentwicklung gilt es im Bereich der Anpassung vor allem die stadtklimatischen Bedingungen und ihre Veränderungen zu berücksichtigen. Die Bebauungsdichte, ein im Vergleich zum Umland höherer Versiegelungsgrad und eine geringere Durchgrünung verursachen ein sich vom Umland zum Teil deutlich unterscheidendes Klima. Bereits heute hat das Stadtklima belastende Auswirkungen, die in hohem Maß von lokalen Bedingungen abhängen. Der Klimawandel wird in vielen Regionen und Städten zu einer Verschärfung dieser Belastungen – zum Beispiel der Hitzebelastung, längeren Trockenperioden, häufiger auftretenden Starkregenereignis-

---

2 Hinweis: Über die „Richtlinie zur Förderung von Klimaschutzprojekten in sozialen, kulturellen und öffentlichen Einrichtungen im Rahmen der Klimaschutzinitiative" des Bundesministeriums für Umwelt, Naturschutz und Reaktorsicherheit (BMU) konnten die Kommunen 2011 erstmalig die Förderung von Teilkonzepten zur „Anpassung an die Folgen des Klimawandels" beantragen. Diese Förderung (Zuschuss) wird fortgesetzt.

sen – führen. Der Betroffenheitsgrad der gebauten und natürlichen Umwelt – und somit auch des Menschen – hängt von der Fähigkeit ab, sich auf diese veränderten Bedingungen einzustellen.

Sowohl präventive Maßnahmen zum Schutz des Klimas als auch Anpassungen an die Folgen des Klimawandels sind in urbanen Räumen von besonderer Relevanz. Sie müssen als komplementäre Handlungsstrategien verstanden werden und als Belange in die Stadtplanung einfließen. Dabei gilt es Klimaschutz und Klimaanpassung als Bestandteile einer nachhaltigen Stadtentwicklung in die planerische Zielfindung und Abwägung einzubringen.

Bereits heute liegen in Städten mit hoher Bevölkerungs- und Bebauungsdichte die durchschnittlichen Temperaturen höher als im Umland. Auch sind die Auswirkungen von zunehmenden Starkregenereignissen in dicht bebauten Gebieten oftmals gravierender und die Schäden höher als außerhalb der Städte. Aus diesen Gründen müssen sich Städte und Ballungszentren verstärkt auf die Anpassung an die Folgen des Klimawandels einstellen. Der Stadtplanung kommt dabei eine besondere Bedeutung zu. Ausgangspunkt ist, dass das Mikroklima in den Städten durch die Umsetzung von Maßnahmen der Stadtplanung – insbesondere durch das Sichern von Durchlüftungskorridoren und das Verringern von Wärmeinseleffekten – positiv beeinflusst werden kann.

In der Deutschen Anpassungsstrategie (DAS; vgl. BMU 2009) wird auch ein Wirkungszusammenhang zwischen der baulichen Stadtentwicklung und der Gesundheitsvorsorge gesehen. Insbesondere wird dargestellt, dass eine klimagerechte Architektur sowie Stadt- und Landschaftsplanung erheblich dazu beitragen können, das Aufheizen der Städte und damit den Hitzestress zu lindern.

Zudem wird davon ausgegangen, dass mit den Auswirkungen des Klimawandels sowohl Infektionskrankheiten als auch nicht übertragbare Krankheiten wie Allergien und Herz-Kreislauf-Erkrankungen zunehmen. Zusätzlich ist damit zu rechnen, dass durch die Zunahme extremer Wetterereignisse, insbesondere Stürme und Starkniederschläge verbunden mit Überschwemmungen und Hochwasser, mehr Menschen verletzt oder sogar getötet werden.

Die gesundheitlichen Folgen von extremen Wetterereignissen werden vor allem auch die Gesundheitsämter vor neue Herausforderungen stellen. Dabei spielen präventive Maßnahmen zum Schutz vor Gesundheitsgefahren in Zusammenarbeit mit der Öffentlichkeitsarbeit eine wichtige Rolle. Zur Information der Bevölkerung gehören Verhaltensregeln sowie Leitlinien für gesundheitliche Maßnahmen vor, während und nach Hochwasserereignissen oder Hitzewellen.

Die Überlegungen zu Anpassungserfordernissen der Siedlungs- und Infrastruktur gründen einerseits in Vorhersagen komplexer Klimamodelle. Andererseits treten die Handlungserfordernisse vielerorts bereits offensichtlich zutage (z.B. Überlastungen der Abwassersysteme nach häufiger auftretenden Starkregenereignissen). Eine zentrale Problematik für die Planung von Anpassungsmaßnahmen auf regionaler und lokaler Ebene besteht in den mit Klimaprojektionen verbundenen Unsicherheiten. Auf potenzielle, aber nicht definitiv vorhersagbare Klimaänderungen planerisch vorausschauend zu reagieren, bedeutet eine enorme Herausforderung für die Kommunen.

… hin zu konkreten Anpassungsmaßnahmen in Kommunen

Zukünftige Klimaveränderungen, die für eine Region oder Kommune prognostiziert werden, und die daraus erwachsenden lokalen Folgen für städtebauliche und infrastrukturelle Gegebenheiten müssen zunächst auf kommunaler Ebene analysiert werden. Ob die erwarteten Auswirkungen eine Anpassung städtebaulicher und infrastruktureller Systeme erforderlich machen, hängt von der Verwundbarkeit dieser Systeme ab. Beispielsweise wird die Zunahme von Sommertagen eher in hochverdichteten und versiegelten, wenig durchgrünten und nur gering von Frischluftschneisen durchzogenen Stadtgebieten und Quartieren zur Bildung von Hitzeinseln führen. Gesundheitliche Probleme der Stadtbevölkerung könnten dann öfter auftreten und es nötig machen, das Stadtklima positiv zu beeinflussen, z.B. indem Frischluftschneisen frei gehalten und mehr Grünflächen erhalten oder angelegt werden. Aufgrund struktureller Unterschiede (z.B. geringere Bebauungsdichte, mehr Frischluftzufuhr) könnten solche Klimaveränderungen für kleinere, ländlich geprägte Kommunen weniger problematisch sein. In einigen Städten führten Starkregenereignisse bereits zu Überschwemmungen, weil die Regenwasser- und Abwasserkanalsysteme solch große Niederschlagsmengen nicht abführen konnten. Um die Menge des oberflächlich abfließenden Wassers zu verringern, müssten verstärkt Versickerungsflächen, z.B. durch das Anlegen von Mulden, geschaffen werden.

Welche Handlungsnotwendigkeiten in den jeweiligen Kommunen entstehen, hängt von der spezifischen Betroffenheit und Verwundbarkeit ab. Die in der DAS aufgeführten Handlungsfelder sind auf lokaler Ebene je nach spezifischer Problemlage relevant und müssen entsprechend konkretisiert werden.

Die 2011 durchgeführte Difu-Umfrage bei Städten, Gemeinden und Landkreisen zeigte, dass in den Anpassungsstrategien bisher vor allem Maßnahmen in folgenden Bereichen berücksichtigt werden:

- Hochwasserschutz,

- Öffentlichkeitsarbeit,

- Bauleitplanung,

- Verbesserung des Stadtklimas durch Begrünungsmaßnahmen.

Der Deutsche Städtetag (DST) hat 2012 in einer Arbeitsgruppe ein Positionspapier mit einer Palette von unterschiedlichen Maßnahmen zur Anpassung der Städte an den Klimawandel erarbeitet. Zusätzlich empfiehlt der DST, eine Koordinationsstelle einzurichten, die aufgrund der Vielzahl der zu beteiligenden Akteure den Prozess strukturieren sowie Zielkonflikte und Synergieeffekte identifizieren soll (vgl. Deutscher Städtetag 2012).

Der Handlungsrahmen für Klimaanpassungsmaßnahmen muss auf kommunaler Ebene entsprechend der jeweiligen Bedingungen vor Ort sowohl politisch als auch planerisch konkretisiert werden. Dazu stehen formelle und informelle Planungsinstrumente zur Verfügung.

Um Klimaanpassungsmaßnahmen in den Kommunen erfolgreich durch- und umzusetzen, müssen eine Vielzahl von Konkurrenzen und Interessenkonflikten sowie unterschiedliche Rahmenbedingungen vor Ort berücksichtigt werden. Im baulichen Bestand der Innenstädte und in bestehenden Siedlungsräumen können Maßnahmen zum Erreichen eines möglichst optimalen Stadtklimas und Anpassungsmaßnahmen an den Klimawandel nur sehr eingeschränkt realisiert werden. Lediglich im Rahmen der Erschließung großer Neubaugebiete können Kommunen ihre Steuerungs- und Einflussmöglichkeiten ausschöpfen.

Klimaschutz- und Anpassungsmaßnahmen lassen sich nicht immer sinnvoll miteinander verbinden. Zwar kann etwa die Verdichtung von Stadtstrukturen zu einem reduzierten Flächen- und Energieverbrauch beitragen, zugleich aber negative Effekte auf das Stadtklima haben. Dieser Zielkonflikt wird bei der Betrachtung der allgemeinen städtebaulichen Strategien deutlich, die auch im Baugesetzbuch (BauGB) Berücksichtigung finden:

- „Innenentwicklung vor Außenentwicklung" (vgl. § 1a Abs. 2 und § 13a BauGB),

- „Durchgrünung von Siedlungen" (vgl. z.B. § 9 Abs. 1 Nr. 15 und 25 BauGB),

- eine auf Vermeidung und Verminderung von Verkehr ausgerichtete städtebauliche Entwicklung im Sinne der „kompakten Stadt" bzw. „Stadt der kurzen Wege" (vgl. § 1 Abs. 6 Nr. 9 BauGB).

Für einen erfolgreichen Klimaschutz sind die Strategien mit Leitbildcharakter „Innenentwicklung vor Außenentwicklung" und „Kompakte Stadt" bzw. „Stadt der kurzen Wege" als wesentliche planerische Aufgabenfelder zu betrachten. Die Klimafolgenanpassung erfordert jedoch in der Regel ein Freihalten von Flächen gerade in hoch verdichteten Innenstadtbereichen und wäre damit eher mit einer Strategie der „aufgelockerten Stadt" in Verbindung zu bringen. Um sich diesem Zielkonflikt zwischen Klimaschutz und Klimaanpassung zu nähern, wäre eine Diskussion über eine „verträgliche Dichte" zielführend (vgl. MUNLV 2010).

Bisher haben erst wenige Kommunen konkrete Strategien zur Klimaanpassung beschlossen. Durch die Zunahme der Erkenntnisse, die Aufnahme in gesetzliche Regelwerke (BauGB) und durch die steigende Anzahl von Kommunen, die von Wetterextrema betroffen sind, werden die Kommunen jedoch zunehmend gefordert sein, in diesem Themenfeld präventiv tätig zu werden.

Vor diesem Hintergrund greift der Ansatz der Resilienz: Den Städten kommt damit die Aufgabe zu, ihre spezifische Vulnerabilität gegenüber den Auswirkungen des Klimawandels zu identifizieren, Risiken einzuschätzen und diesen durch entsprechende Maßnahmen entgegenzuwirken. Resiliente Städte zeichnen sich dadurch aus, dass sie ihre Verwundbarkeit gegenüber Wetterextrema so weit wie möglich reduzieren, ihre Anpassungs- und Widerstandsfähigkeit erhöhen und somit eine weitgehende Risikominimierung für ihre Bürgerinnen und Bürger sowie ihre Infrastruktur erzielen.

Zum Nach- und Weiterlesen

BMU – Bundesministerium für Umwelt, Naturschutz und Reaktorsicherheit (2009): Dem Klimawandel begegnen – Die deutsche Anpassungsstrategie, Bonn/Berlin.

BMU/DWD/UBA – Bundesministerium für Umwelt, Naturschutz und Reaktorsicherheit, Deutscher Wetterdienst und Umweltbundesamt (2010): Gemeinsame Pressemitteilung vom 29.11.2010.

Deutscher Städtetag (2012): Positionspapier – Anpassung an den Klimawandel. Empfehlungen und Maßnahmen der Städte, Köln.

Difu – Deutsches Institut für Urbanistik (Hrsg,) (2011): Praxisleitfaden. Klimaschutz in Kommunen, Berlin/Köln.

Korndörfer, Christian (2008): Kommunale Anpassungsstrategien an den Klimawandel – Ansätze zur Bewältigung der Klimafolgen in der Landeshauptstadt Dresden, in: Deutsches Institut für Urbanistik in Kooperation mit dem Deutschen Städtetag und der Landeshauptstadt Düsseldorf: Dokumentation der Fachtagung „Kommunaler Klimaschutz: Maßnahmen, Erfolge, Perspektiven", Berlin/Köln.

MUNLV – Ministerium für Umwelt und Naturschutz, Landwirtschaft und Verbraucherschutz des Landes Nordrhein-Westfalen (Hrsg.) (2010): Handbuch Stadtklima. Maßnahmen und Handlungskonzepte für Städte und Ballungsräume zur Anpassung an den Klimawandel, Düsseldorf.

Rösler, Cornelia (2012): Klimaschutz und Stadtplanung, in: Böhme, Christa, u.a.: Handbuch „Stadtplanung und Gesundheit", Bern 2012, S. 165–173.

Rösler, Cornelia, Kathrin Schormüller und Nicole Langel (2012): Klimaschutz, Erneuerbare Energien, Klimaanpassung in Kommunen – Ergebnisse der Difu-Umfrage 2011, Berlin/Köln (Difu-Paper).

Jens Libbe

Angepasste energie- und siedlungswasserwirtschaftliche Infrastrukturen zur Verbesserung der Resilienz

Einführung

Das Konzept der Resilienz hat nach Naturkatastrophen wie dem Hurrikan Katrina oder dem GAU von Fukushima im Themenfeld Infrastruktur an Bedeutung gewonnen. Der Grund ist die Erkenntnis, dass es angesichts der Vielfalt, Komplexität und Unvorhersehbarkeit moderner Risiken mit ihren komplexen Folgen nicht möglich ist, umfassende Sicherheit zu gewährleisten. Resilienz steht in Deutschland vor dem Hintergrund der klima- und energiepolitischen Ziele aber auch in engem Zusammenhang mit dem notwendigen Umbau der stadttechnischen Infrastrukturen der Ver- und Entsorgung. Es geht beim Thema resiliente Infrastruktur darum, die generelle Widerstands- und Regenerationsfähigkeit von technischen Systemen zu erhöhen.

So relativ neu die öffentliche Debatte ist, so alt ist das damit verbundene Thema. Infrastrukturen sind seit jeher gefährdet, sei es durch Naturkatastrophen, kriegerische Auseinandersetzungen oder das Versagen verantwortlicher Individuen oder Gruppen. Infrastrukturen waren und sind zudem stets auch eine kulturelle Errungenschaft, die im historischen Zeitablauf bestimmten Entwicklungen unterworfen ist. Daher ist Resilienz auch nicht zu verwechseln mit der Sicherung eines irgendwie gearteten Status quo. Infrastruktur kann nur dann als resilient bezeichnet werden, wenn sie den sich wandelnden äußeren Randbedingungen angepasst werden kann. Anderenfalls hätte sie auf Dauer keinen Bestand.

Robustheit, Verletzbarkeit und Anpassungsfähigkeit technischer Systeme – historisch betrachtet

Bereits in der Antike gab es gut funktionierende Netze und Anlagen, die teilweise sogar bis heute funktionstüchtig sind. Insbesondere die Geschichte des Römischen Reiches in seiner Größe und jahrhundertelangen relativen politischen Stabilität lässt sich ohne sein gut entwickeltes Wegesystem nicht erklären. Römische Stadtgründungen waren regelmäßig verbunden mit der Anlage von öffentlichen Brunnen und Bädern, nicht zu vergessen das bereits in vorchristlicher Zeit entwickelte Abwassersystem mit den angeschlossenen öffentlichen und privaten Latrinen. Besonders beeindruckend: die römische „Cloaca Maxima" als quasi Prototyp für antike Abwasserleitungen. Diese frühen technischen Systeme waren im Übrigen in ihrer Ausführung – basierend auf Erfahrungen – normiert. Als erstes Standardwerk zur technischen Infrastruktur gelten die zehn Bücher der Architektur des römischen Beamten Vitruv (u.a. zu Baumaterialien und zu Wasserleitungen). Historische Beispiele für die Entwicklung von Infrastruktur lassen sich aber auch in späteren Jahrhunderten finden. So ist der erste Beleg für eine Kraft-Wärme-Kopplungsanlage im Codice Atlantico (Leonardo da Vinci) zu finden (vgl. Rapp 2012).

Die Geschichte der Stadttechnik ist vordergründig zuallererst eine Geschichte der europäischen und nordamerikanischen Städte. Dabei wird häufig vergessen, dass es auch in anderen Kulturkreisen als dem westlichen historische Belege für funktionierende Ver- und Entsorgungssysteme gibt. Der deutsche Historiker Jürgen Osterhammel weist in seiner als „Verwandlung der Welt" titulierten Geschichte des 19. Jahrhunderts darauf hin (2011, S. 263), dass es zwar bisher keine zusammenfassenden historischen Untersuchungen zur Stadthygiene in anderen Kulturkreisen gibt, sich gleichwohl zahlreiche Beispiele an verschiedenen Orten, etwa in der muslimischen Welt ebenso wie in Indien oder China, nachweisen lassen. Ein Beispiel ist Mohenjo-Daro, eine historische Siedlung am Unterlauf des Indus im heutigen Pakistan. Dort haben Archäologen ein 4 000 Jahre altes gemauertes Entwässerungssystem entdeckt, das zu den ältesten Kanalisationen der Welt zählt. Noch heute können die aus Ziegeln gemauerten Hausanschlüsse und Kanäle besichtigt werden, welche das Abwasser ableiteten. Entwässerungskanäle lassen sich aber auch schon für die Zeit um 3000 v. Chr. im Tal des Euphrat nachweisen.

Die Inbetriebnahme der stadttechnischen Systeme, wie wir sie heute kennen, erfolgte in der zweiten Hälfte des 19. Jahrhunderts. Die erste öffentliche Fernwärmeversorgung wurde 1876 in Lockport (USA) in Betrieb genommen, wenige Jahre später folgten die ersten Wärmeversorgungssysteme in Deutschland (Dresden, Hamburg). Erste Wasserversorgungssysteme entstanden in der Mitte des 19. Jahrhunderts als Reaktion auf hygienische Mängel (in London, New York) oder Cholera-Epidemien und Brandkatastrophen (in Hamburg). Infolge dieser Entwicklung wurde bald auch die Notwendigkeit einer geordneten Abwasserentsorgung virulent, da die Ableitung der zunehmenden Abwassermengen über Rinnsteine, Gräben oder unbefestigte Straßen zu Unannehmlichkeiten und auch hygienischen Problemen führte. Auch hier kamen die ersten Impulse aus London, wo während der 1860er-Jahre weit über 1 000 Meilen Abwasserkanäle angelegt wurden. In Mitteleuropa setzte sich die Idee einer Schwemmkanalisation mehr und mehr durch. Allerdings bedeutete dies zunächst noch nicht, dass damit das Abwasser auch einer Klärung unterzogen wurde. Entweder wurde es direkt in die Flüsse eingeleitet oder im Umfeld der Städte (etwa in Berlin) über sogenannte Rieselfelder versickert. Die wachsenden Belastungen der Flüsse führten dazu, dass flussabwärts gelegene Anrainer zunehmend Probleme hatten, den Flüssen noch Wasser in ausreichender Güte zu entnehmen. Infolge dieser Entwicklung setzten sich erste, zunächst noch sehr einfache Kläranlagen durch. Als dann noch 1892 in Hamburg eine Cholera-Epidemie mit zahlreichen Toten aufgrund verschmutzten Trinkwassers ausbrach, lieferte dies den Beweis, dass es einer Aufbereitung von Flusswasser bedurfte, bevor dieses als Trinkwasser genutzt werden konnte (vgl. Kluge/Schramm 2010).

Technische Systeme, so sie sich einmal durchgesetzt haben, besitzen eine enorme Beharrungskraft. Sozio-ökonomisch kann dies mit dem Konzept der Pfadabhängigkeit und positiven Skaleneffekten durch Ausweitung von Infrastrukturen erklärt werden. Die Ausbreitung einer Infrastruktur erfolgt dabei quasi selbstverstärkend. Auf Seiten der Anbieter wie auf Seiten der Nachfrager infrastruktureller Leistungen führen Lerneffekte zu einer Gewöhnung an die mit der Technologie verbundenen Verbrauchs- oder Konsumstandards. Eine positive Bewertung dieser Standards als „kulturelle Errungenschaft" führt zu deren Institutionalisierung, etwa in Form von technischen Regelwerken, die dann zu einer weiteren Stabilisierung und Etablierung einer bestimmten infrastrukturellen Lösung führt. Es entstehen wechselseitige Abhängigkeiten zwischen technischen Komponenten und technischen Kompetenzen, die quasi naturgesetzlich andere infrastrukturelle Optionen ausschließen.

Dennoch sind technische Systeme in der Vergangenheit immer wieder auch an ihre Grenzen[1] gestoßen, wurden aufgegeben oder durch andere Lösungen verdrängt. Die spannenden Fragen sind, welche Entwicklungen dazu führen, wann der Zeitpunkt für einen Systemwechsel gekommen ist, wann womöglich die fehlende oder unzureichende Resilienz einer Infrastruktur ursächlich für deren Untergang ist und welche Schlüsse sich daraus für die technische Auslegung und Organisation der heutigen städtischen Infrastrukturen ziehen lassen.

---

1 Solche Grenzen können sich zum Beispiel zeigen, wenn sich positive Skalenökonomien aufgrund abnehmender Bevölkerung in ihr Gegenteil verkehren, wenn der zu betreibende energetische, technische o.ä. Aufwand ab einer bestimmten Ausdehnung der Infrastruktur exorbitant ansteigt oder wenn mit wachsender Größe einer Stadt das Wegenetz den Verkehr nicht mehr bewältigt.

Herausforderungen

Schon immer sahen sich Städte und städtische Infrastruktursysteme einem steten Wandel und auch plötzlichen Krisen mit damit verbundenen Verwerfungen ausgesetzt. Insofern ist das Thema Resilienz nur bedingt ein neues Phänomen. Die Besonderheit der aktuellen Herausforderungen, vor denen die Städte mit ihren Infrastrukturen stehen, dürfte insbesondere in der Gleichzeitigkeit verschiedener Entwicklungen und deren tiefgreifenden Wirkungen begründet sein.

An erster Stelle zu nennen ist der immer deutlicher erkennbare Klimawandel, der die stadttechnischen Infrastrukturen vielfältig belastet. Die Zunahme an Starkregenereignissen führt zu höheren Spitzenabflüssen, längere Trockenperioden machen eine vorausschauende Wasserzurückhaltung notwendig, und ausgeprägte Hitzeperioden erfordern Systeme der Gebäudekühlung. Notwendige Anpassungsmaßnahmen sind dabei so zu gestalten, dass sie nicht kontraproduktiv im Hinblick auf den Klimaschutz sind. Energieeffizienz lautet das Gebot der Stunde – dies insbesondere vor dem Hintergrund der Energiewende, die eine zunehmende Dezentralisierung vor allem der Energieversorgung sowie einen schnell voranschreitenden Ausbau technischer Komponenten zur Nutzung erneuerbarer Energien mit sich bringt. Neuen technischen Versorgungsoptionen stehen wachsende Belastungen der vorhandenen Systeme gegenüber. Der demografische Wandel stellt insbesondere in Regionen mit stark rückläufigen Bevölkerungszahlen die technische Funktionsfähigkeit vorhandener netzgebundener Systeme der Wärme- und Wasserversorgung oder auch Abwasserentsorgung in Frage. Notwendige Anpassungs- und Umbaumaßnahmen werden zwar allseits erkannt; allein es fehlt an einem ordnungspolitischen Rahmen, der es den (kommunalen) Ver- und Entsorgungsunternehmen erlauben würde, auch radikale Umstrukturierungen vorzunehmen, ohne die Wirtschaftlichkeit zu gefährden. Das entsprechend der skizzierten Pfadabhängigkeit bestimmende „Denken" in alten Systemen in Form bestimmter Strukturen, Standards oder Trägerschaften steht dem entgegen.

Resilienz hat insbesondere im Kontext sogenannter kritischer Infrastrukturen an Bedeutung gewonnen. Hierbei handelt es sich um Einrichtungen und Organisationen mit herausgehobener Bedeutung für das staatliche (kommunale) Gemeinwesen, bei deren Ausfall oder Beeinträchtigung nachhaltig wirkende Versorgungsengpässe, erhebliche Störungen der öffentlichen Sicherheit oder andere dramatische Folgen (Belastungen der natürlichen Umwelt, Gesundheitsgefährdungen) eintreten würden. Typische kritische Infrastrukturen in Kommunen sind etwa Umspannwerke für die Energieversorgung, Brücken oder Notfall- und Rettungsstellen. Risiken für diese Infrastrukturen gehen sowohl von Naturgefahren (unter anderem Extremwetterlagen wie Stürmen, Orkanen usw., Hochwasser oder Epidemien) als auch von anthropogenen Gefahren (z.B. Unfällen, Havarien, technischem und menschlichem Versagen, Sabotage oder Terrorismus) aus. Dementsprechend ist Vorsorge zum Bevölkerungs- und Katastrophenschutz zu treffen. Beispiele für solche Vorsorgemaßnahmen sind beispielsweise Regelungen zum Hochwasserschutz oder Festlegungen in Bauordnungen zur Vermeidung risikoreicher Bebauung.

Dimensionen der Transformation städtischer Infrastruktur

Die skizzierten Herausforderungen führen in der Summe dazu, dass die Städte vor einem grundlegenden Umbau, einer Transformation ihrer stadttechnischen Systeme stehen – genaugenommen hat dieser Umbau längst begonnen. Dies hat gleichermaßen technische, soziale, ökologische, ökonomische, institutionelle und kulturelle Implikationen. Neue technische Optionen beispielsweise gehen einher mit veränderten Verbrauchs- und Konsumgewohnheiten und erfordern ggf. veränderte Standards der Versorgungsqualität. Soziale Aspekte sind dort berührt, wo Umbau- oder auch Energieeffizienzmaßnahmen in ihrer Notwendigkeit zwar erkannt werden, bei den unmittelbar Betroffenen (etwa Mietern) aufgrund der damit verbundenen (finanziellen) Belastungen jedoch auf Kritik stoßen. Die Veränderungen werfen aber auch stadträumliche und stadtstrukturelle Fragen auf. Neue Ver- und Entsorgungslösungen gehen einher mit vermehrter Dezentralität (vgl. Libbe 2011). Im Fokus stehen immer stärker Konzepte, die weniger auf die gesamte Stadt als vielmehr auf einzelne Quartiere oder Stadtteile abzielen, da sich nur durch eine lokal integrierte Betrachtung von Bebauung und vorhandener Infrastruktur ein hohes Maß an Energieeffizienz erzielen lässt. Dabei müssen die technischen Lösungen für vorhandene Stadtstrukturen passfähig sein sowie denkmalpflegerische und andere Belange berücksichtigen. Dem Quartiersbezug gegenüber steht die Notwendigkeit, Ver- oder Entsorgungslösungen zugleich immer stärker auch im regionalen Kontext zu suchen. Flächen für Anlagen zur Nutzung erneuerbarer Energien oder für den Anbau nachwachsender Rohstoffe im städtischen Raum sind begrenzt. Und auch der Umbau der Versorgungsnetze in Richtung intelligenter „Smart Grids" wird sich vielerorts nur durch regionale Kooperation realisieren lassen, da anderntalls der finanzielle Aufwand kaum zu stemmen ist (vgl. Libbe 2012).

Resiliente Infrastruktur

Der ursprünglich aus Disziplinen wie Ökologie, Psychologie, Ingenieurwissenschaften oder Managementlehre stammende Begriff Resilienz beschreibt die Fähigkeit von Systemen, Schocks und Störungen zu absorbieren, möglichst unbeschadet weiter zu existieren und sich dabei gegebenenfalls auch zu reorganisieren. Resiliente Systeme sind demnach erstens robuste Systeme, die widerstandsfähig gegenüber plötzlichen oder auch schleichenden Veränderungen sind, zweitens Systeme mit der Fähigkeit zur Wiederherstellung, die also in der Lage sind, sich von einer Krise zu erholen, und drittens lernfähige Systeme, die sich veränderten (Umwelt-)Bedingungen anpassen können (vgl. Birkmann u.a. 2011, S. 17).

Resiliente Infrastrukturen sind solche, die zuallererst einmal unempfindlich gegenüber einem breiten Spektrum an Gefährdungen oder potenziellen Störungen sind. Ihr technischer Aufbau ist geprägt durch ortsangepasste Lösungen und durch modularen Aufbau, bei dem neue, in hohem Maße auch autonom funktionierende technische Einheiten unabhängig voneinander in das System eingefügt (installiert) oder auch aus diesem entfernt (abgebaut) werden können, die sich zugleich jedoch im spezifischen Zusammenwirken ihrer Teilfunktionen wie ein integriertes Ganzes verhalten. Pfadabhängigkeiten können auf diese Weise minimiert und so der Aufwand für Umrüstungen und Umstellungen verringert werden. Institutionell weisen resiliente Infrastrukturen ein hohes Maß an Reflexionsvermögen sowie Lern- und Innovationsbereitschaft gegenüber veränderten Umfeldbedingungen auf. Dies bedingt Beteiligungsverfahren zur Einbindung aller relevanten Akteure sowie die Berücksichtigung unterschiedlicher administrativer Verantwortlichkeiten, um alles notwendige Wissen ressortübergreifend und interdisziplinär zusammenzuführen und ein gemeinsames Verständnis von notwendigen Maßnahmen zur Erhöhung von Resilienz zu erzielen.

Resilienz ist stets auch im Kontext von Begriffen wie Vulnerabilität oder Unsicherheit zu begreifen. Ähnlich wie bei Resilienz ist auch bei diesen Begriffen eine relative definitorische Unschärfe augenfällig. Insbesondere der Begriff „Vulnerabilität" steht in enger Beziehung zur Resilienz. Regelmäßig übersetzt mit „Verwundbarkeit", drückt er die (potenzielle) Anfälligkeit (Sensitivität) oder auch Empfindlichkeit eines Systems beispielsweise gegenüber Veränderungen aus (vgl. Birkmann u.a. 2011, S. 25 f.). Als infrastrukturelles Beispiel in diesem Zusammenhang lassen sich städtische Kanalisationssysteme nennen, die nicht in der Lage sind, bei – infolge des Klimawandels zunehmend auftretenden – Starkregenereignissen die anfallenden Niederschlagsmengen aufzufangen und schnell abzuleiten (vgl. Schramm 2010).

Ganz anders der Begriff „Unsicherheit": Er bringt das Kernproblem jedweder Planung zum Ausdruck, nämlich die Diskrepanz zwischen der Unmöglichkeit, längerfristig überhaupt verlässliche Aussagen treffen zu können, und dem gleichzeitigen Wissen, dass gerade infrastrukturelle Entscheidungen eine enorme zeitliche Reichweite besitzen. Dieses Zukunftsdilemma (vgl. Libbe 2007) lässt sich letztlich nur durch bestimmte Prinzipien der Planung in den Griff bekommen, die man prozessual auch als das Ausloten von Korridoren nachhaltiger Entwicklung bezeichnen könnte.

Resilienz ebenso wie Vulnerabilität sind sozial konstruierte Begriffe. Sie enthalten stets blinde (weil nicht wahrgenommene) Flecken und produzieren damit wiederum Unsicherheiten (vgl. Christmann u.a. 2011, S. 7 ff.). Vor diesem Hintergrund kann eine Infrastruktur auch nicht per Definition resilient sein. Resilienz zu erreichen setzt voraus, dass die Träger einer öffentlichen Infrastruktur in der Lage sind, über entsprechende Verfahren zu antizipieren, welchen potenziellen Störungen oder Gefährdungen ein Infrastruktursystem ausgesetzt sein wird. Nur dann lassen sich Schlussfolgerungen für eine möglichst robuste und anpassungsfähige Gestaltung eines Systems ableiten. Anders formuliert: Unsicherheiten im Hinblick auf die tatsächlichen Gefährdungen und die daraus zu folgernden Schlüsse lassen sich letztlich nur durch Verfahren möglichst umfassender Beteiligung relevanter Akteure minimieren.

Derartige Charakterisierungen von resilienter Infrastruktur durch Prinzipien wie Robustheit, Anpassungsfähigkeit, Modularität oder Akteursbeteiligung sind so oder ähnlich in den vergangenen Jahren auch als Leitprinzipien für eine nachhaltige Infrastrukturentwicklung entwickelt worden (vgl. z.B. Kluge/Libbe u.a. 2006; Libbe 2008; Pahl-Wostl u.a. 2008) bzw. gelten ganz generell als Maximen zur Gestaltung von Transformationsprozessen (vgl. Rotmans/Loorbach 2011). Mit ihrer Hilfe lässt sich bewerten, inwieweit bestimmte infrastrukturbezogene Entscheidungen oder Planungen dem Kriterium der Nachhaltigkeit entsprechen oder nicht. Die Überschneidung in den Prinzipien macht dabei deutlich, dass sich das Konzept der Resilienz kaum vom Leitwert der nachhaltigen Entwicklung trennen lässt, vielmehr sind beide Begriffe aufeinander zu beziehen. Gleiches gilt im Übrigen für den Begriff der Vulnerabilität (vgl. Christmann u.a. 2011, S. 11 f.).

Resiliente Energie- und siedlungswasserwirtschaftliche Infrastrukturen in der kommunalen Praxis

Nachfolgend wird anhand von Beispielen illustriert, was diese – bisher recht abstrakten – Ausführungen im Hinblick auf die planerische Praxis vor Ort bedeuten.

Energetische Stadtsanierung

Energetische Stadterneuerung oder energetische Stadtsanierung gilt als eine der Voraussetzungen für das Gelingen der Energiewende, für den Klimaschutz und die energieeffiziente Stadtentwicklung im 21. Jahrhundert. Um die energiepolitischen Ziele zu erreichen, sind Energieeinsparungen sowie das Ausschöpfen der Potenziale erneuerbarer Energien im Bestand, vom Gebäude bis zur Gesamtstadt, entscheidend. Denn: rund 40 Prozent des Endenergieverbrauchs in Deutschland und etwa ein Drittel der CO_2-Emissionen entfallen auf den Gebäudebestand (davon der größte Teil für Raumwärme).

Vor diesem Hintergrund setzten aktuell das Bundesministerium für Verkehr, Bau und Stadtentwicklung (BMVBS) und die KfW-Kommunalbank mit dem Zuschussprogramm „Energetische Stadtsanierung" neue Impulse für mehr Energieeffizienz und Energieeinsparung in Kommunen. Das Programm ist Bestandteil des Energiekonzepts der Bundesregierung zur Erreichung der Klimaschutzziele 2020 bzw. 2050. Durch integrierte Konzepte soll die Grundlage für eine intelligente energetische Sanierungspolitik gelegt werden. Kommunen und Stadtwerke, die die Energieeffizienz in ihren Stadtquartieren verbessern, erhalten Zuschüsse für die Erstellung integrierter Sanierungskonzepte. Außerdem gibt es Zuschüsse für sogenannte Sanierungsmanager, die die Umsetzung solcher Konzepte begleiten und koordinieren sollen[2]

Das Programm knüpft an Erfahrungen im BMVBS-Handlungsfeld der energetischen Stadterneuerung an. In sämtlichen dort geförderten 15 Modellprojekten wurde deutlich, dass sich erst durch das Zusammenwirken von planender Verwaltung, Versorgungswirtschaft, Wohnungswirtschaft und anderen vor Ort wichtigen Akteuren die gesuchten Energieeffizienzpotenziale heben und ausschöpfen lassen (vgl. BMVBS 2011).

Semizentrale Kältesysteme – Das Beispiel Chemnitz

Ein wichtiges Handlungsfeld, um die Energieeffizienz bei der Raumwärmebereitstellung zu steigern, ist die Einrichtung von Nahwärmenetzen auf Basis dezentraler Kraft-Wärme-Kopplung (KWK) im Bestand, in Neubaugebieten oder bei Nachverdichtungen. Um auch im Sommer erzeugte Wärme zu nutzen, bietet sich Fernkälte auf der Basis semi- bzw. dezentraler Absorptions-Kältemaschinen für die Gebäudeklimatisierung oder auch zur Kühlung von technischen Anlagen an.

Ein innovatives Beispiel ist das Fernkältesystem der Stadtwerke Chemnitz. Es versorgt nahezu alle großen Kälteabnehmer (vorwiegend Klimaanlagen) in der Chemnitzer Innenstadt. Die Kälte-Grundlast decken dabei vorrangig Absorptions-Kältemaschinen. Sie nutzen die sommerliche Überschusswärme eines Heizkraftwerks als Antriebsenergie. Ein Kaltwasserspeicher mit einem Fassungsvermögen von 3.500 m³ ergänzt das System seit Sommer 2007. Die nächtliche Beladung des Speichers mit den vorhandenen Absorptions-Kältemaschinen deckt die Spitzenlast des folgenden Tages vollständig.

Kältenetze dürften bei zunehmenden und länger andauernden Hitzeperioden an Bedeutung gewinnen, da sie die durch den Klimawandel bedingte Verletzbarkeit des urbanen „Körpers" mindern helfen. Sie steigern die Energieeffizienz gegenüber vielen einzelgebäudebezogenen Lösungen und helfen zudem, einer Zunahme an Kühlaggregaten an Gebäuden zu begegnen. In Kombination mit Kältespeichern kann der für die Klimatisierung von Gebäuden notwendige Strombedarf gesenkt werden.

Neuartige Sanitärsysteme – Das Beispiel HAMBURG WATER Cycle® – Neues Wohnen in Jenfeld

Neuartige Sanitärsysteme ermöglichen – in Ergänzung zu konventionellen Systemen – eine ressourceneffiziente Bewirtschaftung von Abwasser, indem sie den Energiegehalt des Abwassers nutzen und Stoffkreisläufe durch Abwasserverwertung und Nährstoffrecycling wieder schließen. Ein Beispiel für ein solches System ist das Konzept des HAMBURG WATER Cycle®. Das von HAMBURG WASSER entwickelte Konzept ist ein neuartiges Entsorgungsverfahren, das auf einer dezentralen Trennung von fäkalienbelastetem, aufkonzentriertem Toilettenwasser (Schwarzwasser), wenig belastetem Wasser aus Waschmaschine, Dusche etc. (Grauwasser) und Regenwasser beruht.

---

2 Eine ganz ähnliche Förderpolitik wird im Übrigen mit dem Programm „Masterplan 100% Klimaschutz" verfolgt, welches das Bundesumweltministerium im Rahmen der Nationalen Klimaschutzinitiative aufgelegt hat. Hierbei handelt es sich primär um ein Prozessmanagement-Konzept zur Ausschöpfung von Potenzialen zur Steigerung der Energieeffizienz, zur Nutzung erneuerbarer Energien und zur Schließung urbaner Stoffkreisläufe. Klimaschutzmanager sorgen für die Umsetzung vor Ort. Informationen über weitere Klimaschutzfördermaßnahmen können Interessierte über das am Difu ansässige „Service- und Kompetenzzentrum: Kommunaler Klimaschutz" einholen.

Es wird derzeit erstmals im größeren Maßstab auf dem ca. 35 Hektar großen Areal der ehemaligen Lettow-Vorbeck-Kaserne in Hamburg-Jenfeld umgesetzt[3]. Das Quartier wird etwa 720 Wohneinheiten in Einzel-, Doppel- und Reihenhäusern umfassen. Ziel der Projektinitiatoren ist es, den Ressourceneinsatz im Projektgebiet deutlich zu reduzieren und zu optimieren.

Die Wohnbebauung wird an ein gesondertes Grauwassernetz angeschlossen. Das Grauwasser wird mittels eines Freigefällekanals zum tiefsten Punkt des Geländes geführt, von dort zum Betriebsgelände im Plangebiet gepumpt und so weit technisch gereinigt, dass das gereinigte Grauwasser in die Vorflut abgegeben werden kann. Die Ableitung in die zentrale Kläranlage ist nicht erforderlich. In Trockenwetterperioden kann mit dem gereinigten Wasser auch einem verdunstungsbedingten Absinken des Wasserspiegels in dem auf dem Gelände befindlichen Teich begegnet werden. Grundsätzlich ist das gereinigte Grauwasser auch für die Bereitstellung von Brauchwasser für Gewerbeeinrichtungen geeignet.

Das Schwarzwasser wird über ein Vakuumsielnetz gesammelt. Die an das Vakuumsystem angeschlossenen Toiletten des Plangebietes benötigen deutlich weniger Wasser als herkömmliche Toiletten und sparen somit nicht nur die Ressource Wasser, sondern sorgen zudem dafür, dass die abgeführten Fäkalien nur wenig verdünnt werden. Das konzentrierte Toilettenwasser kann auf dem Betriebsgelände mit weiterer Biomasse versetzt und zu Biogas vergärt werden. Aus diesem Biogas werden dann wiederum über ein Blockheizkraftwerk Strom und Wärme gewonnen. Ein Teil dieser Energie wird benötigt, um die Entwässerung (Betrieb der Vakuumanlage) und Aufbereitung zu realisieren.

Neben der Energieerzeugung gibt es aus Sicht des Abwasserentsorgers noch zwei weitere wichtige Gründe für dieses System. Zum einen können die Medikamentenausscheidungen der Bewohner konzentrierter als bisher gesammelt und somit zukünftig leichter behandelt werden. Zum anderen enthalten die menschlichen Ausscheidungen die lebensnotwendigen Nährstoffe Stickstoff und Phosphor. Besonders Phosphor ist ein begrenzter Rohstoff, der sich in den nächsten Jahrzehnten verknappen wird. Durch eine konzentrierte Sammlung des Abwassers wird die Perspektive geschaffen, unter ökonomisch sinnvollen Bedingungen diesen Nährstoff gezielt aus dem Abwasser zurückzugewinnen. Daher ist vorgesehen, das Abwasser aus der Biogasanlage in einer ersten Ausbaustufe der Schlammbehandlung im zentralen Klärwerksverbund Köhlbrandhöft zuzuführen, jedoch zu einem späteren Zeitpunkt die enthaltenen Nährstoffe Phosphor und Stickstoff zu nutzen.

Das Hamburger Beispiel macht deutlich: Durch eine stärkere Dezentralisierung der Abwasserentsorgung kann ein Beitrag zur Energieversorgung für einen Stadtteil geleistet werden, etwa indem Abwasser und organische Abfälle dezentral oder semizentral zu Biogas vergärt werden. Inwieweit solch neuartige Systeme in Zukunft die derzeit dominierenden zentralen Entsorgungssysteme zumindest teilweise ersetzen werden, bleibt abzuwarten. Erste Modellrechnungen haben jedenfalls deutlich gemacht, dass der Umbau der Entsorgungssysteme nicht teurer kommen würde als der Betrieb konventioneller Netze und Anlagen. Er weist jedoch unter Energie- und Ressourcengesichtspunkten erhebliche Vorteile auf, die sich auch volkswirtschaftlich auszahlen (vgl. Kluge/Libbe 2010). Mit den neuartigen Lösungen geht überdies eine erhöhte Flexibilität des Gesamtsystems mit verbesserten Ergebnissen im Hinblick auf Verbrauch sowie Klimaschutz und Klimaanpassung einher. In Zukunft dürfte es entscheidend sein, dass über entsprechende baurechtliche Festsetzungen, Gebührenanreizsysteme usw. Impulse für die weitere Verbreitung intelligenter Wasser- und Abwasserinfrastruktursysteme gesetzt werden.

---

3 Vgl. http://www.hamburgwatercycle.de/index.php/bauen-und-wohnen-in-der-jenfelder-au.html

Fazit

Das Konzept der Resilienz setzt wichtige Impulse für die energie- und ressourceneffiziente Entwicklung der kommunalen technischen Infrastrukturen. Mit seinen grundlegenden Prinzipien gibt es Orientierung für die Gestaltung langfristiger Umbauprozesse. Was als resiliente Infrastruktur anzusehen ist, kann dabei nicht eindimensional beantwortet werden; es bedarf vielmehr bei der Planung des Zusammenwirkens verschiedener Akteure. Die Wahrnehmung von Resilienz ist dabei auch in ihrem zeitlichen und räumlichen Kontext zu sehen. Infrastrukturelle Anpassungsbedarfe werden je nach Betroffenheit anders beurteilt, und diese Einschätzungen können sich aufgrund sich wandelnder Randbedingungen ändern. Insbesondere der energie- und klimapolitisch notwendige Umbau der stadttechnischen Systeme ist keine Aufgabe, die sich mittels eines Masterplans erledigen ließe, sondern bedarf langfristiger strategischer Prozesse.

Zum Nach- und Weiterlesen

Birkmann, Jörn, Hans Reiner Böhm, Frank Buchholz und andere (2011): Glossar Klimawandel und Raumentwicklung, Hannover (E-Paper der ARL – Akademie für Raumforschung und Landesplanung).

BMVBS – Bundesministerium für Verkehr, Bau und Stadtentwicklung (Hrsg.) (2011): Handlungsleitfaden zur Energetischen Stadterneuerung, Bonn/Berlin.

Christmann, Gabriela, Oliver Ibert, Heiderose Kilper und Timothy Moss (2011): Vulnerabilität und Resilienz in sozioräumlicher Perspektive. Begriffliche Klärungen und theoretischer Rahmen, Erkner bei Berlin.

Kluge, Thomas, Jens Libbe, Ulrich Scheele, Engelbert Schramm und Jan Hendrik Trapp (2006): Der netWORKS-Ansatz zur integrierten Strategiebildung, in: Kluge, Thomas, und Jens Libbe (Hrsg.): Transformation netzgebundener Infrastruktur: Strategien für Kommunen am Beispiel Wasser, Berlin, S. 33–56 (Reihe Difu-Beiträge zur Stadtforschung Nr. 45).

Kluge, Thomas, und Jens Libbe (Hrsg.) (2010): Transformationsmanagement für eine nachhaltige Wasserwirtschaft. Handreichung zur Realisierung neuartiger Infrastrukturlösungen im Bereich Wasser und Abwasser, Berlin.

Kluge, Thomas, und Engelbert Schramm (2010): Geschichtlicher Exkurs zur Genese der bestehenden Systeme, in: Kluge, Thomas, und Jens Libbe (Hrsg.) (2010): Transformationsmanagement für eine nachhaltige Wasserwirtschaft. Handreichung zur Realisierung neuartiger Infrastrukturlösungen im Bereich Wasser und Abwasser, Berlin, S. 33–36.

Libbe, Jens (2012): Rekommunalisierung in Deutschland – Eine empirische Bestandsaufnahme, in: Matecki, Claus, und Thorsten Schulten (2012): „Zurück zur öffentlichen Hand? Rekommunalisierung öffentlicher Dienstleistungen", Düsseldorf (im Erscheinen).

Libbe, Jens (2011): Notwendigkeit dezentraler Infrastrukturen, in: Pinnekamp, Johannes (Hrsg.): 3. Aachener Kongress DEZENTRALE INFRASTRUKTUR, Aachen, S. 1–12 (Reihe Gewässerschutz – Wasser – Abwasser).

Libbe, Jens (2008): Infrastrukturplanung als kommunale Aufgabe: Aktuelle Herausforderungen und Handlungsbedarfe, in: Deutsches Institut für Urbanistik (Hrsg.) (2009): Die Zukunft der kommunalen Infrastrukturen, Berlin (Deutsche Zeitschrift für Kommunalwissenschaften 2/2008), S. 17–36.

Libbe, Jens (2007): Infrastruktur und Nachhaltigkeit – Politische Herausforderungen am Beispiel der städtischen Wasserver- und Abwasserentsorgung, in: Revue d'Allemagne et des Pays de Langue Allemande 39 (2007) 3 (Umwelt und Nachhaltigkeit in Frankreich und Deutschland), Straßburg, S. 407–418.

Osterhammel, Jürgen (2011): Die Verwandlung der Welt. Eine Geschichte des 19. Jahrhunderts, München.

Pahl-Wostl, Claudia, Pavel Kabat und Jörn Möltgen (2008): Adaptive and Integrated Water Management. Coping with Complexity and Uncertainty, Berlin/Heidelberg.

Rapp, Harald (2012): Historische Entwicklung der Infrastruktur. Vortrag auf dem Seminar „Energieeffizienz in der Stadtplanung – Modul 1" beim AGFW – Der Energieeffizienzverband für Wärme, Kälte und KWK e.V. am 27. Juni 2012 in Frankfurt/Main.

Rotmans, Jan, und Derk Loorbach (2011): Towards a Better Understanding of Transitions and Their Governance: A Systemic and Reflexive Approach, in: Grin, John, Jan Rotmans and Johan Schot, in Collaboration with Frank Geels and Derk Loorbach: Transitions to Sustainable Development. New Directions in the Study of Long Term Transformative Change, New York, S. 105–220.

Schramm, Engelbert (2010): Klimatische Herausforderungen für städtische Wasserinfrastrukturen in Deutschland, in: IBA-Hamburg und Forschungsverbund netWORKS (Hrsg.), Libbe, Jens (Schriftleitung): Ressource Wasser: Klimaanpassung und Energieeffizienz. Dokumentation des Labors vom 5. und 6.11.2009, Berlin/Hamburg.

Anne Klein-Hitpaß und Klaus J. Beckmann

„Von allem etwas – nur nicht zu wenig!" – Vernetzung modaler Systeme für ein tragfähiges Verkehrssystem in Städten und Regionen

Städtische Verkehrsinfrastrukturen sind als „Lebensadern" für die Funktionsfähigkeit städtischer Standorte, Wirtschafts- und Gesellschaftssysteme unverzichtbar. Wie anfällig sie gegenüber externen Gefahren wie Naturereignissen, aber auch internen Störungen wie Unfällen sind, hängt davon ab, wie widerstands- und anpassungsfähig sie sind. Diese mit „Resilienz" umschriebenen Eigenschaften entscheiden darüber, wie ein System Ausfälle, Störungen oder Gefahren ausgleichen oder bewältigen kann, ob es ohne gravierende Einschränkungen weiter funktioniert, aber auch darüber, wie vorbeugend möglichen Gefahren und Störungen begegnet werden kann (vgl. auch die Beiträge von Hanke und Beckmann in diesem Band). Ein Augenmerk der folgenden Ausführungen liegt neben der Auseinandersetzung mit den Eigenschaften resilienter Verkehrsinfrastrukturen auf der Frage, welche Handlungsmöglichkeiten Kommunen besitzen, um die Widerstandsfähigkeit der stadtregionalen Verkehrssysteme zu erhöhen.

Resilienz vernetzter intermodaler Verkehrssysteme

Vernetzte, intermodale Verkehrssysteme sind für störungsfreie Abläufe und Austauschprozesse in Städten zunehmend unverzichtbar. Wie „Lebensadern" durchziehen sie in ihrer Gesamtheit die Stadt und erreichen dabei sowohl „pulsierende" Orte und Ballungszentren als auch periphere Randlagen. Der Organismus der Stadt wird so auf unterschiedliche Art und Weise versorgt. Der Alltag der Bewohnerinnen und Bewohner wird gesichert.

Folgen wir dem Bild eines lebenden Organismus, so bildet das Straßennetz mit seinen Hauptverkehrsstraßen, vielleicht sogar Stadtautobahnen, mit seinen Sammel- und Erschließungsstraßen, aber auch seinen Nebenanlagen wie Rad- und Fußwegen die Schlagadern. Ohne diese wären Städte weder existenz- noch funktionsfähig. Je höher die Anforderungen an die Städte und ihre Verkehrssysteme, desto ausdifferenzierter ihr Netz an weiteren „Lebensadern". Auch U-Bahnen, Stadt- und Straßenbahnen, O-Busse, Car- und Bike-Sharing-Systeme differenzieren das System weiter aus. Je vielfältiger die Verkehrsmittelangebote, je dichter und engmaschiger die Netze sind, desto stabiler ist das System, oder bildlich, je mehr Adern die Stadt hat, desto stabiler ist die Versorgung ihres Organismus.

Wird jedoch diese Infrastruktur zerstört oder in ihrer Funktionsfähigkeit eingeschränkt, dann wird das tägliche Leben erschwert, werden die Versorgung mit und der Zugang zu den Daseinsgrundfunktionen wie der Weg zur Arbeit oder zur Freizeitstätte, die Versorgung mit Lebensmitteln oder Gütern des täglichen Bedarfs gefährdet. Im schlimmsten Fall ist gar die Sicherheit der Stadtbewohner bedroht. Aufgrund ihrer zentralen Bedeutung für die Funktionsfähigkeit der Städte und für das Gemeinwesen ist die städtische Verkehrsinfrastruktur als kritische Infrastruktur einzustufen. Ein Ausfall der Funktionalität kann von vorübergehenden kleineren Beeinträchtigungen bis zu Versorgungsausfällen mit weitreichenden Folgen für die Städte und ihre Bewohnerinnen und Bewohner reichen (vgl. Birkmann u.a. 2011).

Mögliche Störungen im System haben immer Auswirkungen auf die soziale, wirtschaftliche, ökologische, räumliche und zeitliche Umwelt und verursachen entsprechende externe Kosten. Veranschaulichen lässt sich beispielsweise der räumlich-zeitliche Aspekt an einem Stromausfall. Die Konsequenzen der Beeinträchtigungen steigen dabei mit zunehmender Dauer und zunehmender räumlicher Ausdehnung; die Störungen manifestieren sich zuerst modal, dann intermodal und schließlich raumstrukturell. Sie reichen im Fall eines Stromausfalls bei der Straßenbahn von geringen Verspätungen für Menschen, die ihren Arbeitsweg mit der Tram zurücklegen und eventuell auf andere Verkehrsträger (Fahrrad, Auto oder ein anderes Verkehrsmittel des ÖPNV) umsteigen müssen, bis zu Verkehrsstaus oder Überlastungssituationen, die sich wiederum räumlich ausdehnen und in anderen Stadtteilen den motorisierten Individualverkehr wie den öffentlichen Verkehr behindern. Solch gefahrlose Störungen können dabei in der Regel leicht bewältigt und in kurzer Zeit überwunden werden. Bei drastischeren schockartigen Ereignissen, wie einem Unfall auf einer U- oder S-Bahn-Stammstrecke oder Naturkatastrophen, sind stabile Funktionsweisen und Strukturen für gewöhnlich nicht so schnell wieder herzustellen.

Verwundbarkeiten im Verkehr

Die Ausdifferenzierung und technische Spezialisierung vernetzter städtischer Infrastruktursysteme, ihrer Anlagen und Einrichtungen sowie die zunehmende Gefahr von Extremwetterereignissen und deren Folgen führen zu erhöhten Anforderungen an die technischen Infrastrukturen in den Städten – damit vor allem auch an ihre Verkehrssysteme. Um dabei den Anforderungen von Widerstandsfähigkeit, Anpassungsfähigkeit und Regenerationsfähigkeit zu entsprechen, reicht es nicht aus, nur spezifische, singuläre Sicherheitsaspekte, die sich auf einzelne Teile des Systems beziehen, zu berücksichtigen. Vielmehr ist eine ganzheitliche Betrachtung erforderlich, die Resilienzkriterien von vornherein in Planung, Bau und Betrieb des städtischen Verkehrssystems integriert. Dieses steht somit im „Zentrum einer Analyse von Verwundbarkeit", und Resilienz ist als Handeln eines „in Vulnerabilitätskalkülen erfassten relationalen Gefüges" (Christmann 2011, S. 25) zu verstehen.

Für die Beantwortung der Frage, wie man die Resilienz in städtischen Verkehrssystemen verbessern kann, sind für die handelnden Kommunen im Vorfeld andere, wesentliche Fragen zu beantworten: Mit welchen Gefahren, Störungen und Unsicherheiten muss die Stadt rechnen? Mit welcher Stärke und Wahrscheinlichkeit treten die Gefahren auf? Welche unmittelbaren und mittelbaren Folgen resultieren beim Auftreten der Gefahren oder Störungen? Welche Mittel und Möglichkeiten stehen zur Verfügung, um diese Herausforderungen zu bewältigen? Wann und wo können Störungen auftreten?

Die folgenden Beispiele zeigen die Bandbreite möglicher Störungen auf.

- *Gefahren, die aus Naturkatastrophen erwachsen:* Beispielhaft ist hier die sog. Jahrhundertflut zu nennen, die im Sommer 2002 in Sachsen nach tagelangen Regenfällen mit den höchsten jemals in Deutschland gemessenen Niederschlägen in vielen Städten und Gemeinden massivste Schäden anrichtete: Brücken wurden weggerissen und Straßen unterspült, ganze Dörfer wurden evakuiert oder waren von der Außenwelt abgeschnitten, Stromversorgung und Telefonverbindungen brachen zusammen. In Dresden wurde der tieferliegende Gleiskörper im Hauptbahnhof unterspült. An den Gleisanlagen der Deutschen Bahn entstand durch die Flutschäden mitsamt ihren Folgewirkungen ein Schaden in Höhe von einer Milliarde Euro. Allein am Hauptbahnhof Dresden summierte sich der Schaden auf ca. 40 Mio. Euro. Daneben waren zahlreiche weitere Strecken und etwa 200 Bahnhöfe betroffen. Um die Funktionsfähigkeit der Anlagen wiederherzustellen, unterstützte die Bundesregierung mit insgesamt 650 Mio. Euro den Wiederaufbau der Bahnanlagen[1]. Insgesamt waren die Funktionen des Schienenverkehrssystems über längere Zeit stark beeinträchtigt, während das Straßennetz nach relativ kurzzeitigen, wenn auch intensiven Funktionsausfällen schneller in seiner Funktionsfähigkeit wiederhergestellt werden konnte.

---

1 Angaben aus: Ein Jahr nach der Flut, in: Eisenbahn-Revue International, Heft 10/2003, S. 428.

- *Störungen aufgrund von (Extrem-)Wetterereignissen:* Aber auch Wetterereignisse, die keine Gefährdungen wie beispielsweise Naturkatastrophen mit sich bringen, können weitreichende Störungen verursachen. Im Winter 2009/2010 kam es aufgrund ungewöhnlich großer Schneemengen und einer lang andauernden Kälteperiode zu derart drastischen Zugausfällen bei der Berliner S-Bahn, dass selbst der Notfall-Fahrplan nicht aufrecht erhalten werden konnte. Neben diesem Wetterereignis wird der Grund jedoch auch in Einsparungen gesehen, die die Leistungsfähigkeit und insbesondere die Widerstandsfähigkeit der Berliner S-Bahn nachhaltig reduzierten.

- *Drastische Sparzwänge:* Sparmaßnahmen können die Funktionsfähigkeit von Systemen dermaßen schmälern, dass es schon bei nahezu „normalen" Betriebsstörungen zu Systemausfällen kommt. Im Zusammenhang mit der Krise der Berliner S-Bahn ist hier die mangelnde Wartung der Züge und der Sicherungsanlagen zu nennen, die das Eisenbahnbundesamt im Jahr 2008 dazu veranlasste, eine ganze Zug-Baureihe sprichwörtlich „aus dem Verkehr zu ziehen" – mit der Folge drastischer Einschränkungen im Zugverkehr. Aber auch Einsparungen beim Personal führten im Winter 2011/2012 „wegen kurzfristiger Erkrankungen der Triebfahrzeugführer"[2] zu massiven Störungen, da notwendige Personalreserven fehlten.

- *Beeinträchtigungen durch Unfälle oder Havarien:* Diese Beeinträchtigungen reichen von einem einfachen Verkehrsunfall, der zu Staus und Straßensperrungen führt, über Zugentgleisungen bis zum Containerschiffunfall im Jahr 2007 auf dem Rhein, bei dem verlorengegangene Container die Fahrrinne versperrten und auf einem 20 km langen Rheinabschnitt 500 Schiffe an der Weiterfahrt hinderten. Die Sperrung der meistbefahrenen Binnenwasserstraße Deutschlands verursachte nach Angaben des Bundesverbandes der Deutschen Binnenschifffahrt für jedes vor Anker gegangene Schiff Schäden in Höhe von rund 2.000 Euro Betriebskosten pro Tag[3].

- *Schockereignisse wie (Terror-)Anschläge:* Beispielhaft seien hier die Anschläge auf die Londoner U-Bahn im Jahr 2007 oder die Anschläge auf die Deutsche Bahn AG im Oktober 2011 genannt. Bei Letzterem legten unbekannte Täter 38 Brandsätze an neuralgischen Punkten im Großraum Berlin, die zu erheblichen Behinderungen im Berliner Schienennetz und zu einer Sperrung des Berliner Hauptbahnhofs führten. Insbesondere die Strecke Berlin–Hamburg war betroffen[4].

Die Beispiele zeigen: Störungen, Zerstörungen oder Gefahren können vielfältig sein und sind kaum bis gar nicht vorhersehbar. Sie belegen aber auch, dass für resiliente Systemstrukturen Eigenschaften wie Vielfalt/Diversität, Redundanz, Vernetzung, Systemübergänge und Modularität sowie Puffer- und Speicherkapazitäten wichtig sind.

Gerade im Hinblick auf die Gestaltungsspielräume der Kommunen ist es wesentlich zu fragen, welche Eigenschaften in welcher Ausprägung in der vorhandenen Verkehrsinfrastruktur vorhanden sind, die die Resilienz fördern oder behindern. Maßnahmen zur Verringerung der Verwundbarkeit bzw. zur Erhöhung der Resilienz sollten dann auf die Verbesserung ebendieser Eigenschaften abzielen.

---

2   Berliner Tagesspiegel vom 17.12.2011 unter http://www.tagesspiegel.de/

3   die tageszeitung vom 02.04.2007 unter http://www.taz.de/

4   Berliner Tagesspiegel vom 10.10.2011 unter http://www.tagesspiegel.de/

Eigenschaften resilienter Verkehrssysteme

Resiliente Verkehrssysteme weisen insbesondere folgende Eigenschaften auf:

- *Redundanz:* Vielfalt und mehrfaches Vorhandensein wesentlicher Strukturen sichern System(dienst)leistungen auch dann, wenn sich Rahmenbedingungen drastisch ändern oder einzelne Teilsysteme ausfallen. Redundanzen schützen das System und wirken „störungsabsorbierend" (Lukesch/Payer/Winkler-Rieder 2010, S. 23). Dabei sind verschiedene Arten von Redundanzen zu unterscheiden. Durch die „Redundanz von Teilen" wird die Funktionsfähigkeit eines Systems „durch Austausch, Hinzufügung oder Verdopplung von Teilen" (ebenda) hergestellt, während sich bei redundanten Funktionen die Funktionssicherheit des Verkehrssystems durch die Fähigkeit seiner einzelnen Elemente auszeichnet, verschiedene Funktionen zu übernehmen. Durch redundante Beziehungen wird gewährleistet, dass sich einzelne „Elemente des Systems in jeweils neuen Konfigurationen miteinander" (ebenda) verbinden können. Dies erfolgt meist dann, wenn eine modulare Systemarchitektur vorhanden ist und die Teilsysteme untereinander vielfältig vernetzt sind. Vernetzte Systeme sind in dieser Logik stabile, resiliente Systeme.

  So konnte der oben beschriebene Ausfall der Züge der Berliner S-Bahn im städtischen Verkehrssystem relativ gut abgefangen werden. Eine Vielzahl möglicher Wegerelationen sowie der Umstieg auf andere Verkehrsträger ermöglichte ein zwar leicht eingeschränktes, aber dennoch leistungsfähiges Verkehrssystem.

  Führt man sich das Bild vom „Organismus Stadt" erneut vor Augen, wird deutlich, was dies konkret im städtischen Verkehrssystem bedeutet: Ist eine Ader, beispielsweise eine Hauptstraße, durch einen Verkehrsunfall gesperrt, kann der Verkehr auf Nebenstraßen umgeleitet werden. Sind die Behinderungen massiv oder scheinen die Verspätungen bzw. Umwege für die Verkehrsteilnehmer als nicht mehr hinnehmbar, besteht die Möglichkeit, auf den Öffentlichen Personennahverkehr umzusteigen oder auf private Fahrräder oder Fahrradverleihsysteme zurückzugreifen. Neben diesen intermodalen Mobilitätsoptionen besteht darüber hinaus die Möglichkeit, ganz auf Wege zu verzichten oder die Zielwahl zu verändern, indem beispielsweise nicht das Einkaufscenter am Stadtrand, sondern die Fußgängerzone in der Innenstadt aufgesucht wird.

  In Zeiten der Finanzkrise mit immer häufiger geforderten Einsparmaßnahmen sind vorhandene redundante Strukturen unter dem Postulat der Effizienz jedoch gefährdet, kaum mehr finanzierbar und politisch durchsetzbar (Beispiel: Sparzwänge der Berliner S-Bahn). Gleichzeitig gilt es festzuhalten: Redundanzen sind nicht per se positiv zu werten. Als Prinzip stabiler Systeme wirkt Redundanz insbesondere dann, wenn sie mit Diversität gekoppelt wird (vgl. ebenda, S. 24).

- *Diversität:* Diversität kann eine Vielfalt an Akteuren bedeuten, die dieselbe Funktion in jeweils anderer Weise oder unter anderen Umständen erfüllen und bei verschiedenen Krisen jeweils unterschiedlich reagieren. Diversität kann ebenso eine Vielfalt an (intermodalen) Mobilitätsoptionen meinen, d.h. einen Verkehrsmittelwechsel bei Störungen auf dem Weg – von der S-Bahn auf Straßenbahn, Bus oder U-Bahn oder Nutzung eines Taxis, Leihfahrrads oder von Carsharing-Autos. Je größer die Vielfalt ist, desto größer ist auch die Flexibilität. Statt „mehr vom ewig Gleichen" muss es – im Sinne eines resilienten Systems – also heißen: „Von allem etwas, und das nicht zuwenig" (ebenda).

- *Puffer- und Speicherkapazitäten:* Puffer- und Speicherkapazitäten erhöhen die Widerstandsfähigkeit und sind für den Funktionserhalt dynamischer Systeme elementar. So wurden beispielsweise beim Ausfall der Berliner S-Bahn in kürzester Zeit Busse der Berliner Verkehrsbetriebe (BVG) eingesetzt, die den Angebotsausfall zumindest teilweise kompensieren konnten. Die drastischen Zugausfälle wären aber zu verhindern gewesen, hätte die Berliner S-Bahn sowohl ausreichend Reserve-Fahrzeuge vorgehalten als auch genügend Personal eingestellt, um Krankheitsausfälle kompensieren zu können.

Resilienzmanagement als „neue" kommunale Aufgabe?

Resilienz als neues „catchword" (Müller 2011, S. 1) setzt eine neue Debatte über bereits bestehende Herausforderungen und Aufgaben in Gang. Städte und Gemeinden müssen seit jeher ihre Infrastrukturen sichern und in ihrer Funktionsfähigkeit erhalten – und sie tun dies auch im Rahmen ihrer Kenntnisse und Möglichkeiten. So sind sie schon immer sich wandelnden Rahmenbedingungen unterworfen. Jüngste Ereignisse wie Fukushima oder Terroranschläge auf Verkehrssysteme, Botschaften oder andere Einrichtungen haben sicherlich zur Aktualität und Brisanz des Themas beigetragen. Gleichzeitig sind es aber auch die vielfältigen Unsicherheiten, denen Städte und ihre Gesellschaften gegenüberstehen und die eine Auseinandersetzung mit dem Thema auf kommunaler Ebene nicht nur sinnvoll, sondern auch notwendig erscheinen lassen.

Die Auseinandersetzung mit dem Thema Resilienz ist für Kommunen zuerst eine Planungs- und Steuerungsaufgabe. Diese setzt bei einer Analyse der Verwundbarkeiten und der Gefährdungswahrscheinlichkeiten an. Dabei steht die Verwundbarkeit, also das „Maß für die Anfälligkeit" (www.stadtklimalotse.net/glossar) des städtischen/regionalen Verkehrssystems zuerst im Vordergrund. Diese Verwundbarkeit ist keine feste Größe, sondern wird durch das Handeln der betroffenen Akteure beeinflusst. Dabei bestimmen das Schadenspotenzial sowie das Vorsorge- und Reaktionspotenzial, wie verwundbar das Verkehrssystem gegenüber bestimmten Ereignissen ist. Es ist zu unterscheiden, ob die Verwundbarkeit in der „Schadensanfälligkeit ihres natürlichen oder zivilisatorischen Inventars" (ebenda) oder in der mangelnden Organisation von Vorsorge und Reaktion begründet ist. Um die daraus folgenden Gefährdungswahrscheinlichkeiten abschätzen zu können, kann es sinnvoll sein, die Gefährdungssituation zu simulieren, sei es durch computergestützte Modellierungen, sei es durch das Erarbeiten von Szenarien.

Darauf aufbauend sind Strategien und Maßnahmen für mögliche Störungen und Gefährdungen zu entwickeln. Sie münden im Idealfall in konkreten Maßnahmen oder verkehrsplanerischen Strategien beispielsweise der Verkehrsvermeidung in Gefahrenbereichen, der Verlagerung vom motorisierten Verkehr auf umweltfreundlichere Verkehrsmittel oder des Ausbaus intermodaler Verkehrsoptionen.

Eng verknüpft mit diesen Steuerungs- und Planungsaufgaben sind Investitions- und Betriebsausgaben, um die Infrastrukturen entsprechend der Resilienzkriterien (Redundanz, Vielfalt, Speicherkapazitäten etc.) zu ertüchtigen. Gestaltung und Ausbau resilienter Verkehrsinfrastrukturen erfordern also finanzielle Mittel, sei es investiver oder betrieblicher Art. So können beispielsweise der Ausbau von Streckenabschnitten, der Abriss von Brücken oder die Entfernung von Gefahrenstellen oder netzwirksamen Engpässen ebenso Investitionen erfordern wie Verkehrskonzepte, die auf Klimaschutz und Klimaanpassungen fokussieren (z.B. Beschaffen emissionsarmer Fahrzeugflotten), oder Verkehrsangebote, die Engpasssituationen abfedern. In diesem Zusammenhang sollten die Kommunen auch die Folgekosten und Betriebsausgaben in ihrer langfristigen Haushaltsplanung berücksichtigen. Insbesondere bei einer kritischen finanziellen Haushaltssituation sind diese Aufgaben von den Kommunen oft nicht im Alleingang zu bewältigen, so dass der Schulterschluss mit weiteren Akteuren, beispielsweise lokalen Wirtschaftsunternehmen, zu suchen ist. Um resiliente Verkehrsinfrastrukturen zu sichern, sollten sich die Kommunen mit geeigneten Ansätzen der Steuerung, Planung, Investition und des Betriebs auseinandersetzen. Politik und Verwaltungen sollten zu einem „kommunalen Resilienzmanagement" befähigt werden und die eigenen Handlungsmöglichkeiten ausloten. Dabei sind die spezifischen Maßnahmen integriert umzusetzen. Es bedarf einer Ausrichtung an den oben dargestellten Eigenschaften resilienter Strukturen und der Kombination unterschiedlicher Vorgehensweisen.

Fazit

Ein „Resilienzmanagement" stellt sicherlich keine Versicherung gegen einen möglichen Zusammenbruch oder Funktionsverlust eines Systems dar. Dennoch: Die resiliente Gestaltung kritischer Infrastrukturen ist die Voraussetzung für den dauerhaften Bestand und eine weitgehende Funktionsfähigkeit des Verkehrsinfrastruktursystems. In diesem Sinne ist Resilienz mehr als ein neues „catchword". Sie ist vielmehr die gedankliche, planerische und organisatorische Auseinandersetzung mit den Aufgaben von Erhalt und Weiterentwicklung der Verkehrssysteme, um deren gesamthafte Funktionsfähigkeit zu sichern.

Das gedankliche Konzept eines „kommunalen Resilienzmanagements" kann den Kommunen Impulse für die Gestaltung ganzheitlicher und flexibler Systeme liefern. Resiliente Verkehrssysteme sind intermodale Systeme, sie erlauben den Wechsel zwischen Routen und ÖV-Linien, zwischen Fahrzeugen und Verkehrsträgern. Sie ermöglichen die Wahl anderer Wegeziele oder eine zeitlich befristete Bevorzugung bestimmter Verkehrsträger (Verkehrssystemmanagement).

Es handelt sich um integrierte Systeme, die im Wechselspiel mit Standortmustern und Raumstrukturen, aber auch den Anforderungen und Aufgaben des Katastrophenschutzes – z.B. Erreichbarkeit für Feuerwehr, Krankenwagen, Polizei; Erreichbarkeit von Krankenhäusern u.a. – stehen. Je flexibler das Verkehrssystem reagieren kann, desto resilienter ist das System.

Zum Nach- und Weiterlesen

Birkmann, Jörn, und andere (2011): Glossar – Klimawandel und Raumentwicklung, Hannover (E-Paper der Akademie für Raumforschung und Landesplanung/ARL).

Bürkner, Hans-Joachim (2010): Vulnerabilität und Resilienz. Forschungsstand und sozialwissenschaftliche Untersuchungsperspektiven, Erkner bei Berlin (Working-Paper No. 43, IRS Leibniz-Institut für Regionalentwicklung und Strukturplanung).

Christmann, Gabriela, und andere (2011): Vulnerabilität und Resilienz in sozio-räumlicher Perspektive. Begriffliche Klärungen und theoretischer Rahmen, Erkner bei Berlin (IRS Leibniz-Institut für Regionalentwicklung und Strukturplanung).

Müller, Bernhard (2011): Urban Regional Resilience: How Do Cities and Regions Deal with Change?, Heidelberg.

Lukesch, Robert, Harald Payer und Waltraud Winkler-Rieder (2010): Wie gehen Regionen mit Krisen um? Eine explorative Studie über die Resilienz von Regionen, Wien (ÖAR Regionalberatung GmbH).

Jörg Thiemann-Linden und Wolfgang Aichinger

Nahmobilität als Kernbestandteil eines resilienten Stadtverkehrssystems – Das Beispiel Resilienz gegenüber dem Klimawandel

Neue Perspektiven auf das Zufußgehen und Radfahren

Zu den Kernaspekten des Resilienz-Konzepts gehören neben der Belastbarkeit auch die Anpassungsfähigkeit und die Lernfähigkeit von Systemen. Gerade im Hinblick auf die kritische Auseinandersetzung mit der Resilienz von Verkehrssystemen eröffnet eine neue Sichtweise auf „Nahmobilität" zusätzliche Handlungsspielräume. Die quartiersbezogenen Mobilitätsformen zu Fuß und mit dem Fahrrad[1] sind eine Option auf kurzen und mittleren Strecken, um die Krisenanfälligkeit der technologie- und rohstoffintensiven Verkehrsträger auszugleichen. Der motorisierte Individualverkehr (MIV) wie die öffentlichen Verkehrsmittel sind in hohem Maße sensibel für technische Störungen bei besonderen Wetterereignissen, aber generell auch mit Blick auf Preisschocks und die Verknappung wichtiger Rohstoffe.

Im „Störungsfall" droht die Gefahr, das gesellschaftlich gewünschte Maß an Mobilität und damit an Teilnahme am wirtschaftlichen Austausch nicht zu angemessenen Bedingungen gewährleisten zu können. Als Dauerfrage besteht darüber hinaus die Problematik der Sicherung einer bezahlbaren Mobilität bei stark steigenden Mobilitätskosten für einkommensschwache, aber autoabhängige Personen und Haushalte.

Nahmobilität bedeutet in diesem Zusammenhang ein Umdenken bei der Mobilitätskultur. Die Rücknahme der „Autoverkehrsabhängigkeit" über das Wiederentdecken der kurzen Wege und die Stärkung entsprechender Stadtstrukturen muss nicht als Einschränkung empfunden werden, sondern kann als Gewinn an Lebensqualität gelten (vgl. Beckmann/Gies u.a. 2011)[2]. Auch werden Fußgänger und Radfahrer nicht als „Mängelwesen" begriffen, d.h. nicht primär als langsame, schwache oder verletzliche Verkehrsteilnehmer eingeordnet. Vielmehr stellen ihre zeitliche und räumliche Flexibilität sowie die relative Unabhängigkeit gegenüber externen Störungen wie Preisanstiegen oder technischen Gebrechen eine wesentliche Stärke dar. Die Förderung von Nahmobilität kann so gesellschaftliche Innovation verstärken, um das Verkehrssystem als Ganzes widerstandsfähiger zu gestalten.

Die Auseinandersetzung mit Resilienz macht auch deutlich, dass Verkehrssysteme nicht isoliert betrachtet werden können. Dies trifft auch auf das Zufußgehen und das Radfahren zu. So hängt Nahmobilität neben städtebaulichen und sozio-kulturellen in hohem Maße von klimatischen Bedingungen ab. Wenn das „System Nahmobilität" als Kernbestandteil widerstandsfähiger und lernfähiger Verkehrssysteme in Zukunft noch stärker gebraucht wird – wie gelingt es dann, den Rad- und Fußverkehr resilient gegenüber dem Klimawandel auszugestalten (vgl. Christmann u.a. 2011)?

---

1   Nach Morkisz und Wulfhorst (2010). Im englischsprachigen Raum wird für den Fuß- und Radverkehr von „active mobility", d.h. körperlich aktiver Mobilität gesprochen.

2   Vgl. auch die Slow-City-Bewegung (www.cittaslow.info).

Klimawandel und mögliche Auswirkungen auf die Nahmobilität

Egal, ob zu Fuß oder mit dem Fahrrad unterwegs: Der Mensch ist bei diesen Fortbewegungsarten in hohem Maße von Klima und Wetter beeinflusst. Wesentliche Faktoren stellen hierbei Sonneneinstrahlung, Temperatur, Niederschlag, Nebel und Wind dar. Welche Bedingungen als günstig oder akzeptabel für das Zufußgehen oder Radfahren empfunden werden, hängt u.a. von Wegezweck und kulturellen Prägungen ab. Dies zeigt sich beispielsweise an Regentagen im Berufsverkehr vieler Städte, wo das Fahrrad trotz aller Widrigkeiten weiter stark genutzt wird. Im Gegensatz dazu führen Schlechtwetterperioden im Freizeitverkehr zu einem deutlicheren Rückgang der Fahrradnutzung (vgl. Magistrat der Stadt Wien 2010).

Auch Alter und Kondition beeinflussen die Reaktion des Körpers auf die Wetterverhältnisse. So reagieren beispielsweise Kleinkinder und ältere Menschen deutlich sensibler auf UV-Einstrahlung oder Hitze. Zuletzt beeinflusst die wetterbedingte Benutzbarkeit der Verkehrswege die Möglichkeiten und die Bereitschaft, sich zu Fuß oder per Rad fortzubewegen. Sie kann u.a. bei großer Hitze, Glätte, Schneeverwehungen oder (kleinräumlichen) Überflutungen beeinträchtigt sein.

Nach Angaben des Deutschen Wetterdienstes ist davon auszugehen, dass sich in Deutschland bis zum Jahr 2100 die Temperaturen in Städten um 3 bis 3,5 Grad Celsius erhöhen. Dabei liegen die Temperaturen in Stadtzentren um bis zu 6 Grad höher als im suburbanen Raum und in ländlichen Regionen. Gesundheitsrisiken für die Bewohner, aber auch Belastungen für die kommunale Infrastruktur oder das Stadtgrün werden durch hochsommerliche Extremtemperaturen, starke Niederschläge, Dürreperioden und Stürme weiter steigen. Im Winter sind regenreiche Tiefdruckgebiete aus dem Westen zu erwarten, die auch vermehrt Starkniederschläge bringen. In Summe ist zu erwarten, dass die Extremwetterverhältnisse in den Städten weiter zunehmen. Wie sich zeigt, stellen die zu erwartenden Veränderungen des Klimas in deutschen Städten für die Nahmobilität jedoch nicht nur Risiken dar. Temperaturanstieg und trockenere Sommer wirken sich bis zu einem gewissen Grad günstig aus. Unter heutigen Bedingungen gewinnt der Radverkehr bis 25 °C dank des Fahrtwinds an Attraktivität gegenüber anderen Verkehrsmitteln („Rundum-Cabriolet"); auch bei Hitzeperioden ziehen viele Nutzer das Rad gegenüber einem vollen Bus oder dem Pkw im Stau vor. Und bei Niederschlägen fallen die Rückgänge der Radverkehrsmengen unter höheren Temperaturen wesentlich geringer aus, wie Daten der Kölner Dauerzählstellen aus dem Regensommer 2010 belegen (vgl. Stadt Köln 2010).

Bei sehr hohen Temperaturen stagniert oder sinkt die Mobilität zu Fuß und mit dem Rad insgesamt, bei starker Sonneneinstrahlung oder hoher UV-Belastung kann die Bewegung im Freien zur gesundheitlichen Gefährdung werden. Auch plötzliche Gewitter, Starkregen oder heftigere Stürme reduzieren die Bewegungsmöglichkeiten zu Fuß und mit dem Rad (vgl. Haustein/Hunecke/Manz 2009, S. 392 ff.). Wie also kann die Mobilität zu Fuß und mit dem Rad auch bei besonderen Bedingungen wie Hitzewellen attraktiv bleiben?

Resiliente Nahmobilität in Zeiten des Klimawandels

Um das Zufußgehen und Radfahren auch unter geänderten klimatischen Bedingungen attraktiv zu gestalten, ist zunächst eine verkehrssparsame Stadtstruktur notwendig, in der auf kurzen Wegen möglichst viele Ziele erreicht werden können. Auf Ebene der Stadtentwicklung lassen sich u.a. nutzungsgemischte Stadtstrukturen, für den Rad- und Fußverkehr durchlässige Baublöcke, überdachte Arkaden sowie „menschgerechte" Straßenquerschnitte schaffen, kann die Nahmobilität attraktiver gemacht und gefördert werden. Hinzu kommt die Durchgrünung von Quartieren. Baulücken können zum Beispiel wertvolle „Westentaschenparks" werden, gerade wenn dort bestehende Bäume bereits Zeit hatten, „erwachsen und schattig" zu werden.

So, wie sich die Bauleitplanung inzwischen um die richtige Exposition der Gebäude kümmert, sollte auch die Entwicklung von kühlen, schattigen Bereichen im öffentlichen Raum Gegenstand integrierter Stadt- und Verkehrsplanung werden. Wichtig ist auch, auf stadtplanerischer Ebene Frischluftschneisen zu ermöglichen, gleichzeitig aber zu starker Windentwicklung (z.B. in Hochhausvierteln) vorzubeugen.

Schattiger Stadtplatz in Zürich-Oerlikon

Quelle: Jörg Thiemann-Linden.

Auf detaillierteren Ebenen der Straßenraumgestaltung stehen zum einen der Schutz vor Witterung, zum anderen die Behaglichkeit des Aufenthalts im Vordergrund, zum Beispiel im Falle von Hitzeperioden.

Verminderte Abstrahlung

Helle Flächen reduzieren die Abstrahlung z.B. der Fahrbahndecken im Straßenraum. Dies trifft zu auf helle Zusatzstoffe an der Oberfläche der Schwarzdecke bzw. auf hellen Naturstein oder Beton. Helle Oberflächen haben nachts z.B. bei Radverkehrsanlagen Vorteile in Sachen Sichtbarkeit, sie werden auch im Kontext der Biodiversität positiv diskutiert (Verträglichkeit mit Kleinlebewesen). Die gewählten Materialien müssen jedenfalls auch veränderten klimatischen Bedingungen standhalten, um eine hohe Benutzbarkeit bei niedrigen Folgekosten zu gewährleisten.

Verschattung und Begrünung

Baumbestandene Straßen oder Alleen bieten meist eine deutlich höhere Qualität bei Hitze und auch sonst in der Anmutung als „kahle" Straßen – nicht zuletzt für wichtige Radfahrrouten. Das Gegenargument des Tunneleffekts bei der Konzentration von Autoabgasen dürfte sich mit besseren Emissionsstandards zunehmend abschwächen. Südeuropäische Städte zeigen, wie die temporäre Beschattung von Straßen bei besonderer Hitze den öffentlichen Raum nutzbar hält.

Schattige Radfahrverbindung zwischen Orten

Quelle: Jörg Thiemann-Linden.

Bei Freiflächen ist aus Fußgängersicht jedoch auf die Art der Begrünung zu achten: Das Sicherheitsgefühl im öffentlichen Raum bei Dunkelheit ist bei offenen Flächen und Bäumen deutlich höher als bei einer „verbuschten" Umgebung.

Entsiegelung

Größere baumbestandene Rasenflächen als Versickerungs- und Retentionsflächen sind hilfreich, den Abfluss von Starkregen zu verbessern und durch die sog. Mulden-Rigolen-Entwässerung das Kanalsystem zu entlasten. Im Hinblick auf die Zukunft der Kfz-Flotte hin zu kleineren, langsameren Elektrofahrzeugen könnten sich langfristig Entsiegelungs- und Baumpflanzungspotenziale sowohl bei den Parkstreifen als auch bei den Fahrbahnbreiten ergeben. Verzögerte Verdunstung der Niederschläge bedeutet zugleich auch Kühlung der Umgebung.

Wasser im öffentlichen Raum

In der Stadt Freiburg i.B. gehören die offenen Wasserläufe („Bächle") traditionell zum Straßenbild in der Altstadt und tragen nebenbei zu einem angenehmeren Klima im Straßenraum bei. Einfach und gratis verfügbares Trinkwasser ist nicht nur eine alte Tradition der historischen Brünnchen im Straßenraum in Europa, sondern eine wesentliche Qualität von Spiel-, Sport- und Aufenthaltsflächen heute. Gerade auf Spielplätzen sollte es nicht fehlen. Trinkbrunnen und Wasserelemente der neuen Generation können so wieder stärker eine Aufgabe auch der Baukultur werden. Allerdings bilden heute die hohen hygienischen Standards für Anlagen mit Wasser im öffentlichen Raum und die nicht geringen Erhaltungskosten eine Hürde auf dem Weg, dies verstärkt anzubieten.

Quelle: Jörg Thiemann-Linden.

Wasserflächen und versprühtes Wasser kühlen die direkte Umgebung ab. Dies sollte für sensible Punkte, etwa an Haltestellen des ÖPNV, an denen Menschen der Sonneneinstrahlung ausgesetzt sind, in die Planung einbezogen werden. Die Kombination von hellen Belägen, Schatten und Versprühen von Wasser ist z.B. im heißen Südwesten der USA oder in arabischen Golfstaaten bereits bei der Planung von Freiflächen üblich. Warum Schatten und versprühtes Wasser nicht an Spielplätzen zur Gesundheit der Kinder einsetzen, um diese beim Spielen draußen vor Sonnenbrand und Hitze zu schützen?

Sitzgelegenheiten

Auch Nahmobilität braucht manchmal Nicht-Mobilität – bei Hitze umso mehr. Bänke sind in jedem Fall eine Bereicherung für Platz und Quartier, indem sie Kommunikation ebenso wie Ruhe ermöglichen (und ziehen, in großer Zahl angeboten, fast nie „unerwünschtes Publikum" an). In vielen Berliner Geschäftsstraßen ist es heute üblich, dass Ladeninhaber Sitzgelegenheiten auf dem Gehweg anbieten, die ohne Verzehrzwang der Außengastronomie nutzbar sind. Für Hochbetagte, die sich an der „Grenze der eigenen Haushaltsführung" bewegen, sind Sitzgelegenheiten auf ihren Alltagswegen essentiell, z.B. um sich mit der Einkaufstasche alle 80 bis 100 Meter ausruhen zu können. Im ExWoSt-Projekt im Frankfurter Nordend wurden verschiedene multifunktionale Sitzgelegenheiten und Poller, ebenso „Sitzrouten" zu Parks und Einkaufsorten entwickelt sowie die Freiraumvernetzung auch verkehrsplanerisch systematisiert[3].

---

3   Siehe hierzu auch ExWoSt-Projekt „Vernetzte Spiel- und Begegnungsräume" im Frankfurter Nordend, http://www.urbanesnordend.de sowie BBSR-ExWoSt-Info unter www.bbsr./bund/de von Stadt FFM & Planersocietät.

Quelle: Jörg Thiemann-Linden.

Vernetzung der Verkehrsmittel

Gerade unter veränderten klimatischen Bedingungen ist ein gutes ÖPNV-Angebot ein wesentlicher Faktor für die Attraktivität der Mobilität zu Fuß und mit dem Rad. So kann es bei plötzlichen Niederschlägen oder Wetterumschwüngen erforderlich sein, unterwegs auf den öffentlichen Verkehr zurückzugreifen, auch wenn es dann im ÖPNV etwas voller wird. Andersherum ist der ÖPNV dann für die Kunden attraktiv, wenn die sogenannte letzte Meile von und zur Haltestelle in einem angenehmen Stadtklima zurückgelegt werden kann, außerdem das Warten an der Haltestelle nicht zu unangenehm wird.

Eine Kultur der Nahmobilität

Nahmobilität braucht nicht allein attraktive Rahmenbedingungen, sie benötigt vor allem eines: Menschen, die gerne zu Fuß gehen oder mit dem Rad fahren. Nach Jahrzehnten einer Verkehrspolitik, welcher die Nutzung des eigenen Autos als soziale Norm zugrunde lag, müssen Nahmobilität und Intermodalität erst noch zur Selbstverständlichkeit werden.

Im Zusammenhang mit Resilienz ist hier auch von „immateriellen Infrastrukturen" oder „mentaler Verfasstheit" die Rede (vgl. Bundeskanzleramt Österreich 2011). Im konkreten Fall sind damit Flexibilität bei der Wahl des geeigneten Verkehrsmittels, Übung im Umgang mit allen zur Verfügung stehenden Optionen sowie das bewusste Wahrnehmen der bestehenden Angebote im Nahbereich, v.a. beim Einkaufen und in der Freizeit, gemeint[4].

Informationsarbeit, Beratung, Marketing und attraktive Testangebote (wie z.B. bei „Neubürgerpaketen" im Falle eines Wohnungswechsels häufig schon angeboten) können den Einstellungswan-

---

4   Siehe hierzu das von der EU geförderte Difu-Projekt „Active Access" zur Wiederentdeckung der Nähe durch eine veränderte Landkarte „im Kopf", vgl. www.nrvp.de/active-access

del und das Sammeln eigener Praxiserfahrungen unterstützen. Zusammen bilden sie die Voraussetzung, um Nahmobilität unter alltäglichen Bedingungen wie auch im Störungsfall umsetzen zu können.

Bisher haben wir uns daran gewöhnt, dass wir unsere Fahrtziele weit verstreut im Raum „unserer Metropole à la carte auswählen, verbunden durch schnelle Straßen und hohe Motorisierung" (Sieverts 1997). Hohe Qualität der Nahmobilitätsangebote und Kenntnis der Angebote im Nahbereich können dazu beitragen, ohne Qualitätsverlust mit einer neuen Mobilitätskultur in den Städten die Nähe wieder zu entdecken, dabei die lokale Wirtschaft zu stützen und einen gesundheitsförderlichen Lebensstil zu leben.

Eine geeignete Maßnahme, um auf dieser Ebene anzusetzen, wäre z.B. die temporäre Sperrung einer Straße für den Kfz-Verkehr und deren Nutzung als Spielstraße – für einen Tag, mit oder ohne Nachbarschaftsfest –, zum Beispiel wenn eine Hitzeperiode ansteht. Dabei könnten verschiedene Elemente des Straßenraums (Schatten, Wasser etc.) erprobt werden. In großem Stil wird dies sehr erfolgreich praktiziert mit dem Programm „Paris Plage", wenn in den Sommerferien eine Seinebegleitende Autostraße zur Strandpromenade wird. Dies tut dem Kfz-Verkehr nicht wirklich weh, verändert aber das Bild von der Stadt und ihrer Qualität „in den Köpfen".

„Paris Plage" – Autofreie Seine-Uferstraße in den Sommerferien

Quelle: Jörg Thiemann-Linden.

Dabei ist aber auch genauso die geografische und kulturelle Prägung der „Schlechtwetterempfindlichkeit" zu bedenken, wie sich anhand der klassischen Fahrradstadt Amsterdam mit weit über 200 Regentagen pro Jahr erkennen lässt. Mehr als das Wetter entscheiden hier die Einstellung und Haltung zum Radfahren über die Verkehrsmittelwahl. Je geübter und routinierter die Radfahrenden, so die Erkenntnis in den Niederlanden, desto eher kommt das Rad auch bei Niederschlag zum Einsatz.

Fazit

In einem resilienten Verkehrssystem kommt der Mobilität zu Fuß und mit dem Rad in Zukunft eine wachsende Bedeutung zu, sind doch beide Verkehrsmittel relativ unempfindlich gegenüber einem breiten Spektrum an externen Störungen. Sehr empfindlich reagieren Fußgänger und Radfahrende aber auf große Hitze oder plötzlichen Starkregen. Um auch in Zukunft möglichst attraktive Bedingungen für die Nahmobilität zu gewährleisten, braucht es in Zeiten des Klimawandels Anpassungen auf mehreren Ebenen: bei der Straßenraumgestaltung, im Städtebau, bei der Vernetzung der Verkehrsträger. Ein Verkehrssystem mit starker Nahmobilität wird letztlich sparsamer, effizienter und eben auch weniger anfällig für Krisen und Störungen sein. Gute Bedingungen für die Nahraummobilität sind gleichermaßen Voraussetzungen für deren Förderung wie – in Wechselwirkung mit dieser – für die Stärkung einer vielfältigen und qualitätsvollen Nahraumversorgung.

Zum Nach- und Weiterlesen

Beckmann, Klaus J., Jürgen Gies, Jörg Thiemann-Linden und Thomas Preuß (2011): Leitkonzept – Stadt und Region der kurzen Wege. Gutachten im Kontext der Biodiversitätsstrategie i.A. des UBA, Dessau-Roßlau (UBA).

Bundeskanzleramt Österreich (2011): Regionale Resilienz. Neue Anforderungen für Österreichs Regionalpolitik?, Wien.

Christmann, Gabriela, Oliver Ibert, Heiderose Kilper und Timothy Moss (2011): Vulnerabilität und Resilienz in sozioräumlicher Perspektive. Begriffliche Klärungen und theoretischer Rahmen, Erkner b. Berlin (IRS).

Haustein, Sonja, Marcel Hunecke und Wilko Manz (2007): Verkehrsmittelnutzung unter Einfluss von Wetterlage und Empfindlichkeit, in: Internationales Verkehrswesen (59), 9/2007, S. 392–396.

Magistrat der Stadt Wien (2010): Radverkehrserhebung, Entwicklungen, Merkmale und Potenziale – Stand 2010, Wien.

Morkisz, Sabine, und Gebhard Wulfhorst (2010): Nahmobilität durch aktive Angebotspolitik, in: PLANERIN, Fachzeitschrift für Stadt-, Regional- und Landesplanung, Heft 4/2010, S. 9–11.

Sieverts, Thomas (1997): Zwischenstadt. Zwischen Ort und Welt, Raum und Zeit, Stadt und Land, Braunschweig.

Stadt Köln (2010): Radverkehr im Jahresvergleich 2009 und 2010 an Werktagen, Köln.

Bettina Reimann

Gegenseitigkeit als Zukunftsprinzip? Die Neuerfindung sozialer Systeme in Krisenzeiten

Problemaufriss: Entsolidarisierung oder neues Wir-Gefühl? Unterschiedliche Befunde zur „Krisenbewältigung"

Gegenwärtig gibt es zahlreiche Anzeichen für Krisen oder Krisenphänomene: Die Finanz- und Wirtschaftskrise sowie, aktuell besonders virulent, die Euro-Schuldenkrise sind in aller Munde und beschäftigen Politik, Wirtschaft, Gesellschaft und Medien. Ein wenig in den Hintergrund getreten ist dabei die Krise des Sozial- und Wohlfahrtsstaats, wobei sie im Zusammenhang mit der Diskussion über das zukünftige Rentenniveau und Armut im Alter wieder an Aktualität gewinnt. Für die soziale Absicherung und (Alters-)Vorsorge wie Rente, Alten- und Krankenpflege kommt der Staat allein beispielsweise immer weniger auf, so dass für diese Bereiche privat Sorge getragen und Geld investiert werden muss. Deutlich erkennbar ist, dass die staatliche Fürsorge nicht allumfassend, sondern mitunter sehr begrenzt ist – oder anders ausgedrückt, „dass sich der Wohlfahrtsstaat der umfassenden Daseinsfürsorge in einer tiefgreifenden [...] Steuerungskrise befindet" (Vogel 2004, S. 3). Demzufolge gibt der Staat „seine Rolle als Bewahrer der sozialen Sicherheit auf" (ebenda, S. 1) – mit weitreichenden negativen Folgen für den sozialen Status und die Sicherheit, auch oder gerade der Mittelschicht. Demnach entwickeln sich „soziale und berufliche Gefährdungen [...] mehr und mehr zu Alltagserfahrungen der gesellschaftlichen Mitte" (ebenda, S. 2). Berufliche Positionen werden infrage gestellt, gesellschaftliche Beziehungen werden brüchig, soziale Unsicherheiten und Ungleichheiten wachsen – und zwar nicht nur an den Rändern, sondern auch in der Mitte der Gesellschaft (vgl. Bürkner 2010, S. 19; Vogel 2004).

Welche Folgen diese Krisen für den sozialen Zusammenhalt haben, ist nicht nur parteipolitisch, sondern auch in der Wissenschaft, insbesondere in der Soziologie, umstritten. Empirische Befunde und Argumente lassen sich für gegensätzliche Positionen anführen.

So prognostiziert der Zukunftsforscher Horst W. Opaschowski in seiner Wertewandel-Studie der BAT-Stiftung für Zukunftsfragen das „Ende des Zeitalters der Ichlinge" (Opaschowski 2010). Gerade in Krisenzeiten, so Opaschowski, rückten die Menschen enger zusammen. Zwar führe die Krise dazu, dass das Misstrauen in Politik und Wirtschaft zunehme, doch gleichzeitig wachse das Vertrauen in zwischenmenschliche Beziehungen und werde der private Bereich aufgewertet. Trends wiesen auf ein neues Wir-Gefühl und auf mehr Solidarität. Die Aussage wird empirisch fundiert: „88 Prozent der bundesdeutschen Bevölkerung wünscht sich mehr Zusammenhalt" (ebenda, S. 19).

Dem stehen die Ergebnisse der Langzeitstudie „Deutsche Zustände" des Soziologen Wilhelm Heitmeyer (Heitmeyer 2011) entgegen, die in eine gänzlich andere Richtung als die von Opaschowski weisen. Demnach verursachen die Finanzkrise und die Weltwirtschaftskrise bei immer mehr Menschen soziale Abstiegsängste. Demgegenüber verlieren Werte wie Gerechtigkeit, Fairness und Solidarität an Bedeutung. Die Bedrohung des eigenen Lebensstandards durch die Krise verringert die Solidarität mit den Schwachen, so die Befunde der Langzeitstudie. Von einem engeren Zusammenhalt ist hier, anders als bei Opaschowski, nicht die Rede. Krisenproduzierte Zukunftssorgen mündeten vielmehr in politischer Apathie und Feindseligkeit gegenüber schwächeren Gruppen.

Lösungswege aus der Krise: Indizien für die Neuerfindung sozialer Systeme

Wenngleich die Folgen der beschriebenen Krisen unterschiedlich dargestellt werden, ist doch unbestritten, dass sich die Krisen auf das Gefühl der sozialen Absicherung und die Lebensumstände von Menschen negativ und belastend auswirken und sich Unsicherheiten vergrößern. Die Frage stellt sich, wie Individuen oder soziale Gruppen auf diese Krisen reagieren und in welchem Ausmaß sie sich als widerstandsfähig gegenüber manifesten Krisen und ausgeprägten Risiken erweisen. Diese Widerstandsfähigkeit gegenüber Krisen und die Bewältigung belastender Lebensumstände, welche ganz unterschiedliche Formen annehmen können, werden in dem Begriff der Resilienz gefasst (vgl. Gabriel 2005, S. 207). Die Widerstandsfähigkeit bezieht sich hierbei nicht nur auf Personen, sondern auch auf soziale Gruppen oder Systeme. Die Frage ist, inwieweit es ihnen gelingt, „eingetretene Schädigungen zu kompensieren bzw. die verlorene Funktionalität wieder herzustellen", und welche Fähigkeiten sie entwickeln, „flexibel auf Gefährdungen zu reagieren und mögliche Schädigungen abzuwehren" (Bürkner 2010, S. 24).

Lösungswege zum Umgang mit Krisenphänomenen lassen sich besonders dann erkennen, wenn „zwischen" den eingangs beschriebenen Positionen gesucht wird. Ein starkes Ich, eine ausgeprägte Individualität, durchaus auch eine Form des Egoismus müssen nicht ausschließen, dass sich Menschen in gemeinschaftlichen Formen zusammentun und sich gegenseitig helfen und unterstützen. Im Gegenteil: Mit der Moderne und im Zuge der Individualisierung, also der Herauslösung des Individuums aus historisch vorgegebenen Sozialformen und -bindungen im Sinne traditioneller Herrschafts- und Versorgungszusammenhänge, ist der oder die Einzelne frei oder freigesetzt worden, sich zu re-integrieren, d.h. eine neue – selbstgewählte – Art der sozialen Bindung einzugehen (vgl. Beck/Beck-Gernsheim 1994). Damit verlangt die „Risikogesellschaft" (Beck 1986) dem Individuum neue Anpassungsformen ab, und in dieser Herausforderung liegt zugleich eine Chance.

Das Thema ist von hoher Aktualität: Zwar hat die traditionelle Familie, die auf Blutsverwandtschaft und Ehebund fußt, nach wie vor Bestand; doch wird sie zunehmend ergänzt durch Wahlverwandtschaften, Lebensabschnittsbindungen und nicht-familiare Unterstützungsnetzwerke. Soziale Systeme wie Familie, Lebens- und Wohngemeinschaften, Haushaltsstrukturen sowie Versorgungsnetzwerke werden neu „erfunden", um sowohl gemeinsinnorientierte Werte als auch individuelle Interessen realisieren zu können. Diese neuen sozialen Systeme oder Gruppenbildungen können zwar auf Freundschaft, (Nächsten-)Liebe und Solidarität gründen, aber auch eine pragmatische und kalkulierte Hilfsbereitschaft umfassen. Diese Wertekombination scheint gerade in Krisenzeiten an Bedeutung zu gewinnen und für den Umgang und die Bewältigung von Krisenphänomenen relevant zu sein. Die folgenden Beispiele sind lediglich eine Auswahl, die dies illustrieren soll.

- *Neue Genossenschaften:* Insbesondere in größeren Städten mit einem angespannten Wohnungsmarkt stellen neue Genossenschaften eine innovative Form der Trägerschaft dar, in denen mit hohem Engagement individuelle Wohnwünsche, soziale Nachbarschaften und gemeinschaftliches Wohnen miteinander in Einklang gebracht werden (vgl. BMVBS 2010).

- *Mehrgenerationenwohnen:* Gefördert durch ein Aktionsprogramm des Bundesministeriums für Familie, Senioren, Frauen und Jugend entstehen in zahlreichen Städten Mehrgenerationenhäuser. Diese sind zentrale Begegnungsorte, an denen das Miteinander der Generationen aktiv gelebt wird. Sie bieten Raum für gemeinsame Aktivitäten und schaffen ein neues nachbarschaftliches Miteinander in der Kommune. Der generationenübergreifende Ansatz gibt den Mehrgenerationenhäusern ihren Namen: Jüngere helfen Älteren und umgekehrt. Das Zusammenspiel der Generationen bewahrt Alltagskompetenzen sowie Erfahrungswissen, fördert die Integration und stärkt den Zusammenhalt zwischen den Menschen. Das Programm Mehrgenerationenhäuser setzt auf einen Mix aus staatlichen, privaten und freiwilligen Leistungen.

- *Patenschaften für Kinder:* Patenschaften für Kinder aus belasteten oder überforderten Familien tragen auch in Deutschland immer mehr dazu bei, ein Kind individuell zu unterstützen. Die

Zahl engagierter Erwachsener wächst, die regelmäßig ein Kind für gemeinsame Freizeitaktivitäten treffen, dem Kind Zeit und Zuwendung schenken und es in seiner Entwicklung fördern.

- *Elterninitiativen zur Kinderbetreuung:* Angesichts des Fehlens von Kita-Plätzen, aber auch vor dem Hintergrund individueller Erziehungsansprüche bilden sich in vielen Städten Elterninitiativen auf Vereinsbasis, die die Kinderbetreuung selbst organisieren.

- *Versorgungsgemeinschaften:* In Regionen, die von massiven Schrumpfungsprozessen betroffen sind, organisieren sich mancherorts neue Initiativen (Vereine, Genossenschaften), um in selbstorganisierten Lebensmittelläden die Grundversorgung aufrechtzuerhalten. Mikroökonomische Systeme bis hin zu Tauschgeschäften, die auf gegenseitiger Unterstützung beruhen, stellen eine Anpassungsform an eine brüchig gewordene und als unsicher erfahrene Lebensumwelt dar.

So unterschiedlich die Beispiele sind, ihnen ist gemeinsam, dass ein starker Gemeinsinn, individuelle Interessen und gemeinschaftliche Anliegen nicht im Widerspruch stehen müssen, sondern in Einklang gebracht werden können. Gleichzeitig illustrieren die Beispiele die hohe Bedeutung des Sozialen und insbesondere der sozialen Netzwerke für die Ausbildung von Resilienz (vgl. Gabriel 2005, S. 213). Für das Individuum und seinen Umgang mit Krisenphänomenen gewinnen soziale Gruppenbildungen und Netzwerke an Bedeutung. Indem die Krisenphänomene nicht nur einzelne Menschen, sondern ganze Gruppen betreffen und zu deren Alltagserfahrungen werden, werden gleichzeitig Grundsteine für soziale Gruppen- und Netzwerkbildungen gelegt, die es den Einzelnen ermöglichen, Lösungswege aus der Krise zu finden, sich an neue Situationen anzupassen und eine Form der sozialen und ökonomischen Stabilität aufzubauen. Dies setzt allerdings Aktivität des Einzelnen und die Bereitschaft zur Kooperation mit anderen voraus.

Wenngleich globale Krisen sich hierdurch nicht abwenden lassen und soziale Ungleichheiten nicht beseitigt werden, stellen die Beispiele Lösungswege im Umgang mit Krisenphänomenen dar. Sie ebnen den Weg, in einer als unsicher empfundenen und riskant gewordenen Welt wieder Fuß zu fassen, Risiken zu minimieren und Widerstandsfähigkeit nicht nur kurzfristig zu aktivieren, sondern nachhaltig aufzubauen. In der neu gebildeten Gruppe (dem sozialen System, dem Netzwerk) werden Kompetenzen und Ressourcen gebündelt. Hierdurch entsteht neues Wissen, wird gemeinschaftsorientiert gehandelt und damit Resilienz aufgebaut und gestärkt. In diesem Prozess können Ressourcen neu hinzugewonnen und gesichert, Gerechtigkeit – im Sinne eines gerechteren Ausgleichs – neu „verteilt" und damit Unsicherheiten und Risiken abgebaut werden (vgl. Bürkner 2010, S. 18).

Gleichwohl müssen sich diese sozialen Systeme und Netzwerke an ihrer Leistungsfähigkeit und ihrem Bestand messen lassen. Konflikte und Zerreißproben sind Bestandteile von ihnen. Lebendigkeit und Flexibilität sind ihre Stärken, denn Normen, Werte und auch Spielregeln müssen (immer wieder) ausgehandelt werden und letztlich eine Form der Legitimation finden. Insofern stellen die gebildeten Netzwerke und sozialen Systeme ein Medium der Anpassung an gesellschaftliche Herausforderungen und Krisen dar (vgl. ebenda, S. 17) und ebnen zugleich den Weg für gesellschaftliche Innovationen. Denn die Systeme und Gruppen zeigen im Umgang mit Krisenphänomenen die Fähigkeit, sich in einer Form anzupassen, die soziale und ökonomische Innovationen zur Folge hat. Die Übernahme von Leistungen, die staatlicherseits nicht mehr oder nur unzureichend erbracht werden, gelingt durch das soziale Kollektiv in einer neuen Form. Sofern die Systeme und Gruppen legitimiert und etabliert sind, wie beispielsweise neue Genossenschaften, können durch sie Erfahrungswissen transferiert und damit andernorts Stabilisierungsprozesse initiiert werden.

Wo liegt der Handlungs- und Gestaltungsspielraum für Kommunen? Was bringen (neue) soziale Systeme den Kommunen?

Auch für Kommunen stellen aktuelle Krisenphänomene eine Herausforderung für den eigenen Handlungs- und Gestaltungsspielraum dar. Während die Ansprüche wachsen, nimmt der eigene Gestaltungsspielraum ab, so könnte eine – vielleicht etwas zu kurz gefasste – Schlussfolgerung den Spielraum der Kommunen angesichts bundespolitischer und globaler Zwänge skizzieren. Die Argumentation soll jedoch anders ausfallen und in eine Richtung weisen, die Kommunen darin stärkt, die neuen sozialen Systeme als Chance zu begreifen – auch oder gerade angesichts kommunaler Krisensituationen.

Zunächst ein Blick auf einige kommunale Krisenphänomene, die für die hier behandelte Thematik bedeutsam sind: Die sehr engen finanziellen Spielräume vieler Kommunen führen beispielsweise dazu, kommunale Leistungen zu kürzen und kommunale Angebote zu reduzieren. Seit Jahren findet ein Wettbewerb zwischen öffentlichen und privaten Trägern der Jugend- oder Altenhilfe statt, im Ergebnis leiden darunter insbesondere arme und besonders benachteiligte Bevölkerungsgruppen oder auch Quartiere und Sozialräume mit kumulativen Problemlagen (vgl. Seidel-Schulze u.a. 2012; BMVBW/BBR 2004). Ein weiteres Beispiel ist der Wohnungsmarkt. Die Privatisierung ehemals kommunaler Wohnungsbestände, neue Eigentumsverhältnisse und -strukturen, aber auch umfassende Aufwertungs- und Modernisierungsprozesse tragen dazu bei, dass soziale Ungleichheiten in den Stadtquartieren zunehmen. Wohnraum wird teurer, die Verwirklichung eigener Wohnwünsche schwieriger, Handlungsspielräume der Kommune werden enger.

Angesichts dieser Ausgangslage sind die Kommunen gut beraten, den enormen Wert von neuen oder wiederentdeckten sozialen Systemen oder Vergemeinschaftungsformen wie Wohnungsgenossenschaften, gemeinschaftlichen Wohnprojekten, Kinderläden und Patenmodellen zu erkennen und diese mit allen zur Verfügung stehenden kommunalen Mitteln (finanziell, aber auch durch politische Rückendeckung) zu unterstützen.

Nicht allein werden hierdurch fehlende oder eingeschränkte kommunale Leistungen zumindest teilweise kompensiert. Zudem wird Segregations- und Ausgrenzungsphänomenen durch private Initiativen entgegengewirkt, und darüber hinaus werden bislang nicht ausgeschöpfte Potenziale des bürgerschaftlichen und ehrenamtlichen Engagements genutzt. So engagieren sich beispielsweise Rentner und arbeitslose Menschen bei Tauschbörsen oder Kinder-Betreuungsmodellen ehrenamtlich und leisten hierdurch einen Integrationsbeitrag für sich selbst und andere.

Wenngleich es erstrebenswert wäre, (Langzeit-)Arbeitslose wieder in den ersten Arbeitsmarkt zu integrieren, darf nicht übersehen werden, dass dies kurz- und mittelfristig nicht möglich sein wird. Tätigkeiten jenseits der Erwerbsarbeit, im sozialen Bereich oder im Bereich der informellen Ökonomie bieten Voraussetzungen (keine Sicherheiten!), um diese Menschen gesellschaftlich zu integrieren. Die Leistungsfähigkeit sozialer Systeme kann durch ältere Menschen, die über freie Zeit und auch über Erfahrungswissen sowie Lebensweisheit verfügen, vergrößert und gestärkt werden.

Fazit

Deutlich wird: Die Stärkung oder Neuerfindung sozialer Systeme baut auf aktiven Bürgerinnen und Bürgern auf; Selbstaktivierung und Eigenverantwortung sind hierfür Grundvoraussetzungen. Kommune und Staat nehmen nicht die Rolle ein, die Bürgerschaft allumfassend zu versorgen, sondern „den Bürgern werden Chancen ermöglicht" (Vogel 2004, S. 4). Für die Stabilität dieser sozialen Systeme und den Weg aus der Krise ist es daher erforderlich, dass sich Individuen in Netzwerken zusammenschließen und ihr Zusammenwirken kooperativ organisieren. Dies ist voraussetzungsvoll und erfordert nicht zuletzt entsprechende Kompetenzen. Die genannten Beispiele zeigen, dass Ressourcen und Kompetenzen gerade angesichts existenzieller Bedrohungen oder der Erfahrung massiver Krisen und Unsicherheiten mobilisiert werden. Im Ergebnis werden Menschen – zumal in einer Gruppe – dazu animiert, sich etwas zu trauen, neue Wege zu beschreiten und in der Anpassung an die neue Situation Innovationen hervorzubringen.

Wenngleich die Krise zu einem Verlust des „Marktwerts" und der Konkurrenzfähigkeit vieler Menschen, auch der Mittelschicht, beiträgt und damit immer mehr Bürgerinnen und Bürger sozioökonomisch benachteiligt und vordergründig ressourcenärmer werden, gibt es Anzeichen dafür, dass eine Stabilisierung in mikroökonomischen und sozialen Systemen (Genossenschaften, Vereinen) möglich ist. In dieser Form der Anpassung und Krisenbewältigung werden soziale Ungleichheiten und Benachteiligungen sowie deren Ursachen zwar nicht beseitigt. Es werden jedoch – häufig jenseits des Marktes – Möglichkeiten ausgelotet, Krisen zu bewältigen, sich neu zu positionieren und Stabilität und Sicherheit zu gewinnen.

Diesen Prozess können Kommunen aktiv unterstützen, indem sie beispielsweise entsprechende Städtebauförderungsprogramme (Soziale Stadt, Stadtumbau West) gezielt in benachteiligten Quartieren und zielgruppenbezogen zum Einsatz bringen.

Dennoch sollte nicht vergessen werden, dass Kommunen in ihrem Handeln unterstützt werden müssen: Insbesondere Phänomene der Entsolidarisierung, die mit strukturellen Ursachen von Krisen im Zusammenhang stehen, erfordern umfassendes Handeln auf bundespolitischer, Landes- und kommunaler Ebene. Zentrale Themen sind hierbei Bildungs- und Arbeitsmarktförderung sowie Wohnungs- und Städtebauförderungspolitik.

Zum Nach- und Weiterlesen

Beck, Ulrich (1986): Risikogesellschaft. Frankfurt/Main.

Beck, Ulrich, und Elisabeth Beck-Gernsheim (1994): Riskante Freiheiten. Individualisierung in modernen Gesellschaften, Frankfurt/Main.

Bürkner, Hans-Joachim (2010): Vulnerabilität und Resilienz. Forschungsstand und sozialwissenschaftliche Untersuchungsperspektiven, Erkner bei Berlin (Working-Paper No. 43, IRS Leibniz-Institut für Regionalentwicklung und Strukturplanung).

Bundesministerium für Verkehr, Bau und Stadtentwicklung (Hrsg.) (2010): Aktivierung von Potenzialen genossenschaftlichen Wohnens. Evaluierung der Empfehlungen der Expertenkommission Wohnungsgenossenschaften im Forschungsprogramm „ExWoSt" (BMVBS-Online-Publikation 25/2010).

Bundesministerium für Verkehr, Bau- und Wohnungswesen (BMVBW) (2004): Die Soziale Stadt – Ergebnisse der Zwischenevaluierung. Die Bewertung des Bund-Länder-Programms „Stadtteile mit besonderem Entwicklungsbedarf – die soziale Stadt" nach vier Jahren Programmlaufzeit, Berlin.

Gabriel, Thomas (2005): Resilienz – Kritik und Perspektiven, in: Zeitschrift für Pädagogik, Jg. 51, Heft 2, S. 207–217, Frankfurt/Main.

Heitmeyer, Wilhelm (Hrsg.) (2011): Deutsche Zustände. Folge 10, Berlin.

Opaschowski, Horst W. (2010): Wir! Warum Ichlinge keine Zukunft mehr haben, Hamburg.

Seidel-Schulze, Antje, Ian Dohnke und Hartmut Häußermann (2012): Segregation, Konzentration, Polarisierung – sozialräumliche Entwicklung in deutschen Städten 2007–2009, Berlin (Difu-Impulse 4/2012).

Vogel, Berthold (2004): Der Nachmittag des Wohlfahrtsstaats. Zur politischen Ordnung gesellschaftlicher Ungleichheit, in: Eurozine 2004, http//:www.eurozine.com/pdf/2004-09-15-vogel-de.pdf (Zugriff: 16.10.2012).

Thomas Franke

Der sozialräumliche Ansatz als Handlungsoption für soziale und stadträumliche Integration

Ein Beitrag zur resilienten Quartiersentwicklung

Angesichts vielfältiger Herausforderungen für die Stadtentwicklung – unter anderem Umgang mit dem demographischen Wandel und Sicherstellung sozial-räumlicher Kohäsion – gewinnen Ansätze einer integrierten Stadtentwicklung nicht nur in Deutschland, sondern auch in vielen anderen europäischen Staaten seit Ende der 1990er-Jahre an Bedeutung. Zu ihren Kernelementen zählen:

- ressortübergreifende Zusammenarbeit unterschiedlicher Verwaltungsressorts,

- Ressourcenbündelung,

- ein an der Realität orientiertes Zusammenspiel unterschiedlicher thematischer Handlungsfelder und entsprechender Projekte,

- intensives Einbeziehen von Bewohnerschaft und anderen lokalen Akteuren („Governance") sowie

- Erproben dafür notwendiger vernetzungsorientierter Organisations- und Managementstrukturen.

Wesentlich für ein solches integratives Vorgehen ist ein dezidierter Gebietsbezug bzw. eine Raumorientierung des Verwaltungshandelns, was meist mit dem Begriff „Sozialraumorientierung" gleichgesetzt wird (vgl. im Folgenden – wenn nicht anders angegeben – Franke 2011).

Mit einem so verstandenen „Sozialraumansatz" werden verschiedene Ziele verfolgt und unterschiedliche Erwartungen verknüpft. Dazu gehört die Möglichkeit, sektorale Perspektiven zugunsten „ganzheitlicher" Sichtweisen der Verwaltung auszuweiten und (damit) eine größere Nähe zu den Problemlagen „vor Ort" zu erhalten. Dies bedeutet, nicht nur entweder bauliche, städtebauliche und infrastrukturelle Aspekte der Entwicklung von Stadtteilen und Wohnquartieren oder aber soziale Themen (Integration bzw. Inklusion, Bildung, Qualifizierung und Beschäftigung, Umgang mit Armut, Gesundheitsvorsorge, Kriminalitätsprävention, „Hilfe zur Selbsthilfe" etc.) zu betrachten, sondern investive und sozial-integrative Handlungsfelder in ihren lokalen Zusammenhängen gleichermaßen zu berücksichtigen. Damit wird die Kommune in die Lage versetzt, offen, flexibel, dialogorientiert und kreativ auf sich ändernde teilräumliche Entwicklungen zu reagieren und als „primus inter pares" Quartiersentwicklungen bedarfsgerecht zu gestalten. Nicht die „klassische" Zielgruppenorientierung spielt dabei eine zentrale Rolle – also die meist raumunabhängige Ausrichtung von Verwaltungshandeln auf Träger bestimmter sozialer Merkmale (Arbeitslose, Alleinerziehende, Zuwanderer, Transfermittelbezieherinnen und -bezieher etc.) –, sondern vielmehr die integrative Betrachtung von „Raum" und „Sozialem" – also lokaler Lebensrealitäten mit ihren baulichen, städtebaulichen, infrastrukturellen, (lokal-)wirtschaftlichen, sozialstrukturellen, -ökonomischen und -psychologischen, kulturellen und umweltbezogenen Zusammenhängen. Der Gebietsbezug schafft dabei eine gemeinsame Basis der Zusammenarbeit bzw. intensiven Beteiligung unterschiedlicher Akteure innerhalb und außerhalb von Politik und Verwaltung – allen voran lokaler Gebietsbevölkerungen.

Der raumorientierte integrierte Ansatz bietet sich dazu an, die zurückgehenden kommunalen Ressourcen effektiver als in sektoralen Zusammenhängen einzusetzen und damit eine qualitative Entwicklungsarbeit vor Ort aufrechtzuerhalten. Hinzu kommt, dass die Einbeziehung lokaler Akteure eine Erweiterung des Ressourcenansatzes bedeutet. Insgesamt erhält der „Sozialraum" die Funktion eines Katalysators für Kommunikation und Kooperation; er wird zum gemeinsamen Ausgangspunkt der Zusammenarbeit. Solche integrative, partizipative Strategien weisen strukturelle Ähnlichkeiten mit Betriebs- und Organisationsprinzipien resilienter Systeme auf. Symbiotische Beziehungen im Sinne von Gegenseitigkeit, die anstoßende Nutzung sozialer, ökonomischer, energetischer und anderer Ressourcen bzw. der „lokalen Kräfte" sowie vielfältige Lern- und Anpassungsprozesse sind hierfür charakteristisch.

Erprobt werden raumorientierte integrative Strategien vor allem im Rahmen der Umsetzung des Bund-Länder-Programms „Stadtteile mit besonderem Entwicklungsbedarf – Soziale Stadt" (seit 2012 „Soziale Stadt – Investitionen im Quartier") sowie im Zuge der „Sozialraumorientierung" des kommunalen Jugendhilfebereichs, in dem der Begriff länger eingeführt ist als in anderen Kontexten. Mit Blick auf beide Ansätze fällt jedoch auf, dass der als zentrales Element zugrunde gelegte Raumbezug meist über eine Abgrenzung kommunaler räumlicher Zuständigkeits- und Förderbereiche („Programmgebiete", „Sozialräume") hinaus kaum hinterfragt oder qualifiziert wird. Abgrenzungskriterien sind oftmals bereits vorgezeichnete (politisch-administrative) Grenzen (Bezirke, Stadtteile), von Verwaltungsakteuren als solche wahrgenommene physische Barrieren bzw. siedlungsstrukturelle Zusammenhänge und/oder statistische Daten (oft in Kombination mit Einschätzungen professioneller Vor-Ort-Akteure); Intuition spielt in vielen Fällen ebenfalls eine große Rolle – man „kennt" das jeweilige Gebiet, seine „Probleme" und „Potenziale" aus der Verwaltungs- bzw. professionellen Expertensicht.

Überspitzt formuliert erscheint „Raum" im Programmgebiets- und „Sozialraum"-Kontext daher als die einzige „gegebene" und damit als verlässlich angenommene Variable, der man offensichtlich eine geringere Aufmerksamkeit schenken muss als der Frage nach den „richtigen" thematischen Zielen einer „Sozialraumorientierung" und der optimalen Organisation ihrer Umsetzung. Hier schließt sich die These an, dass diese „Raum-Vernachlässigung" nicht nur die unmittelbare Gebietsabgrenzung selbst betrifft, sondern auch die räumlichen Implikationen der Zielsetzungen von Projekten und Maßnahmen sowie von Gebietsmanagement. Verfolgt man diesen Gedanken weiter, stellt sich die Frage, inwieweit lokale alltagsweltliche Belange generell Eingang in die Ausweisung von „Sozialräumen" und Programmgebieten sowie in das Formulieren von Zielen gebietsbezogenen Handelns finden (können), wie flexibel und durchlässig also die Schnittstellen zwischen „Top-down"-Vorstellungen und der Realität „vor Ort" sind.

So problematisiert beispielsweise Deinet (2002, S. 32) die Territorialität eines im Sinne von Planungsräumen verstandenen „Sozialraums": Die Lebenszusammenhänge verschiedener sozialer Gruppen seien häufig viel kleinräumiger beschaffen als die formale Gebietskulisse bzw. entsprächen die von der Kommunalverwaltung abgesteckten Territorialgrenzen nicht den Grenzen der Handlungsradien von – in diesem Falle – Kindern und Jugendlichen als primärer Zielgruppe der Jugendhilfe. Im Vordergrund müsse vielmehr die Frage stehen, wie diejenigen, um die es im Rahmen einer „Sozialraumorientierung" gehen soll, ihren Stadtteil erleben. Damit spricht Deinet das Konzept der „Lebenswelt" an, das vom Individuum mit seinen sozialen und räumlichen Bezügen ausgeht. Das Handeln „vor Ort" lasse sich nicht auf klar abgegrenzte „Räume" beschränken – insbesondere Schulen, Ausbildungs- und Arbeitsstätten oder Jugendeinrichtungen befänden sich oftmals außerhalb des territorialen „Sozialraums", seien jedoch integrale Bestandteile der „Lebenswelten" von Kindern und Jugendlichen, ergänzt Scherr (2002, S. 65). „Der gleiche ‚Sozialraum' wird von unterschiedlichen (…) [Bevölkerungs- und/oder Altersgruppen] in unterschiedlicher Weise als ‚Lebenswelt' empfunden und definiert. (…) ‚Sozialraum' ist also nicht nur bebauter, bewohnter und administrativ strukturierter Raum, sondern immer auch wahrgenommener und erlebter Raum", konstatiert schließlich das Institut für soziale Arbeit (ISA 2001, S. 16). Würde die mit dem Begriff „Lebensweltorientierung" einhergehende Forderung einer intensiveren Auseinandersetzung mit den Zielgruppen des „Sozialraumansatzes" vernachlässigt, führe dies „zu beschränkten Sichtweisen" der professionellen Akteure. Diese müssten sich vielmehr zwischen zwei „Welten" bewegen: „Zu fragen ist gleichermaßen nach Lebenswelt wie nach Sozialraum sowie nach dem einzuschätzenden Grad der Überschneidung beider" (ebenda, S. 17). Ähnliche Erfahrungen werden auch im Zuge der Umsetzung des Programms „Soziale Stadt" gemacht. So gehört es zur Arbeitserfahrung vieler lokaler Quartiermanagements, dass

- eine starre Gebietsabgrenzung problematisch ist, weil sie quartiersübergreifende Aktivitäten sowie alltagsweltliche Raumzusammenhänge zu wenig berücksichtigt,

- unterschiedliche Ziele und Zielgruppen unterschiedliche (spezifische) Raumbezüge ausbilden,

- die alltagsweltlichen Raumbezüge der Quartiersbewohnerinnen und -bewohner kleiner sind als die abgegrenzten Programmgebiete und damit

- große Programmgebiete nur punktuell das als notwendig erachtete kleinräumige Arbeiten ermöglichen (vgl. Franke 2011).

Soll das Ziel, die lokalen Lebensbedingungen zu verbessern, nicht nur in „Sozialräumen" oder „Programmgebieten", sondern vor allem mit den und für die hier lebenden Menschen („Zielgruppen") mit ihren eigenen Vorstellungen und Perspektiven tatsächlich erreicht werden, erscheint es sinnvoll und notwendig, den „traditionellen" Umgang mit „Raum" zu überwinden. Es reicht dann nicht mehr aus, „Raum" lediglich als „Behälter" zu betrachten, der für alle Akteure eine „gleichermaßen existente (deshalb homogene) Grundlage des Handelns" darstellt (Löw 2001, S. 18). Vielmehr sollte das Augenmerk auf „sozial produzierte" Räume gelegt werden, die keine absoluten Eigenschaften mehr aufweisen, sondern sich „als von den Subjekten sinnhaft konstituierte soziale Wirklichkeiten" definieren (Werlen 1997, S. 208). Die alltägliche Raumproduktion durch das Handeln von Menschen ist ein sozialer Handlungskontext, der sich durchaus an räumlichen physisch-materiellen Gegebenheiten wie Häuser(wände)n oder topographischen Einheiten – auch im Sinne von gebauten oder natürlichen Barrieren – orientiert. Diese dürfen allerdings stets nur als symbolische Markierungen und Begrenzungen verstanden werden, die durch Akteure konstituiert werden. Keinesfalls sind also vergegenständlichte (reifizierte) „räumliche" Grenzen gemeint, die sich per se ergeben würden. Sozial konstituierte Räume entstehen demnach je nach Handlungskontext und sind wie dieser selbst wandelbar (ebenda, S. 168 ff.). Ein Beispiel dafür ist die Zuweisung des „Bedeutungsgehaltes ,Drogenproblem' an die Aufenthaltsorte der Drogenszene" (ebenda, S. 413): Hier geht es nicht mehr um die (individuelle) Suchtproblematik mit ihren sozialen und gesellschaftlichen Implikationen, sondern um die Zuweisung des Problems Drogensucht an bestimmte Raumzusammenhänge. Vor diesem Hintergrund ist es besonders interessant, welche Akteure (Verwaltungsmitarbeiter/innen? Drogenkonsument/inn/en? Anwohner/innen?) auf welcher Wissensbasis „Sozialräume" identifizieren und bewerten.

Damit ist das „Lesen" von „Räumen" abhängig vom jeweiligen Subjekt – zum Beispiel Verwaltungsmitarbeiterin, Quartiermanager vor Ort, Programmgebietsbewohnerin etc. – und unterscheidet sich von Fall zu Fall. Raumproduktionen gehen mit Wahrnehmungen einher, die je individuell vom „Habitus als einem ,Wahrnehmungsschema'" geprägt sind, das je nach Sozialisation eines Individuums, seinem kulturellen bzw. religiösen Umfeld und seiner Bildung unterschiedliche Wahrnehmungsschwerpunkte ausbildet (vgl. Löw 2001, S. 195 ff.). In den Bereich der Wahrnehmungen fallen auch die Atmosphäre eines Raumes bzw. damit zusammenhängende Gefühle wie Zugehörigkeit oder Fremdheit, Wohlbefinden oder Unbehagen, Sicherheit oder Angst (ebenda, S. 216). Neben dem Habitus der Raumproduzentinnen und -produzenten spielt schließlich auch deren räumliche Position eine Rolle: Hier stehen sich oftmals die „Rathaus"- oder „Schreibtisch"-Position und die der „Straße" gegenüber.

Verfolgt man die Perspektive weiter, Raum nicht als etwas der Gesellschaft und dem Individuum Externes oder gar als „an sich" Existierendes anzunehmen, sondern als Ergebnis subjektiver Konstituierungsleistungen, können Zielgruppen „sozialräumlicher" Handlungsansätze nicht länger als Träger von Merkmalen im Raum betrachtet werden, sondern müssen als raumproduzierende Individuen stärker ins Zentrum der Betrachtung rücken. Die Raum- und inhaltlichen Projektionen „sozialraum"-externer Akteure (vor allem aus Politik und Verwaltung) stoßen im Rahmen gebietsbezogenen Verwaltungshandelns auf die individuellen Binnenperspektiven von Quartiersbewohner/innen und anderen lokale Akteuren.

Dieser „Doppelte Gebietsbezug" (Franke 2011) weist zwangsläufig eine „Sollbruchstelle Irrtum" auf, denn es ist einer Kommunalverwaltung zwar möglich, Programmgebiete und „Sozialräume" im Sinne von Territorien klar abzugrenzen. Allerdings kann niemals Sicherheit darüber bestehen, damit die tatsächlichen, sich ständig ändernden Verräumlichungen des alltagsweltlichen Handelns der Zielgruppen gebietsbezogenen Verwaltungshandelns – Quartiersbevölkerung und andere lokale Akteure – berücksichtigt zu haben. Damit umfasst der „Doppelte Gebietsbezug" die Notwendigkeit, eben jene „alltagsweltlichen Orte" zu identifizieren – allerdings nicht im Sinne einer Instrumentalisierung für „Top-down"-Belange, sondern als gleichberechtigter partizipativer Beitrag zur Gestaltung von „Sozialraum"-Kulissen und – damit zusammenhängend – zur Entwicklung raumrelevanter Ziele. So gesehen ergibt sich aus dem „Doppelten Gebietsbezug" das Erfordernis einer intensiven, „echten" Beteiligung der Quartiersbevölkerung und anderer lokaler Akteure.

Vor diesem Hintergrund kommt dem Management gebietsbezogenen Verwaltungshandelns eine besondere Bedeutung zu: Auf der Verwaltungsebene geht es unter anderem darum, mittels einer ressortübergreifenden, gebietsorientierten Arbeitsorganisation Know-how und finanzielle Ressourcen für deren unkomplizierten Einsatz „vor Ort" zu bündeln. Zu den Aufgaben lokaler Gebietsmanagements gehört es, die Interessen der lokalen Bevölkerung und anderer Vor-Ort-Akteure zu organisieren. Schließlich muss zwischen beiden „Welten" kommuniziert bzw. moderiert werden. Zu den Gründen, warum eine konzertierte und konzentrierte „Sozialraumorientierung" der planenden Verwaltungsbereiche trotz der eingangs genannten Vorteile heute noch (immer) keine Selbstverständlichkeit ist, zählen:

- Fehlen einer klaren Federführung und geeigneter Organisations- und Informationsstrukturen in der Verwaltung,

- Ressortegoismen bzw. gegenseitiges Abgrenzen der verschiedenen Verwaltungsbereiche,

- Beschränkung der Ämterzusammenarbeit auf singuläre Projekte,

- Verkürzung des Kooperationsinteresses auf Fragen des Verteilens von Fördergeldern,

- Skepsis gegenüber dem quer zur Linienorganisation der Verwaltung liegenden integrierten Ansatz mit der Folge, dass dieser von nur wenigen Einzelpersonen getragen wird.

Wird unter „Sozialraumorientierung" lediglich das Delegieren kommunaler Verantwortung auf die Vor-Ort-Ebene verstanden, besteht schnell die Gefahr der Überforderung lokaler Gebietsmanagements, die dann faktisch die Verwaltungskoordinierung übernehmen müssen. In der Praxis werden daher unter anderem die Ansiedlung der Federführung für ressortübergreifende Zusammenarbeit an zentraler Stelle innerhalb der Verwaltung (z.B. als Stabsstelle im Bereich der Oberbürgermeisterin oder des Oberbürgermeisters) sowie Personalentwicklung mit Blick auf integriertes gebietsbezogenes Handeln auf der Arbeitsebene als Voraussetzungen für eine gelingende „Sozialraumorientierung" genannt.

Bei der Ausweisung von „Sozialräumen" sollte überprüft werden, inwieweit deren Grenzen im Laufe des Prozesses im Sinne einer Annäherung an die „Lebenswelten" vor Ort flexibilisiert werden können – beispielsweise durch die Einrichtung von „Pufferzonen" zwischen unmittelbarem Programmgebiet/„Sozialraum" und benachbarten Quartieren/städtischen Teilräumen oder durch eine Gebietsfestlegung in mehreren Phasen (Provisorium – Überprüfung im Arbeitsprozess – Festlegung). Auch die Möglichkeit, außerhalb von Programmgebieten/„Sozialräumen" liegende Institutionen im Sinne räumlicher Enklaven in die Raumkulisse zu integrieren, gehört dazu. Generell stellt sich die Frage, ob nicht vor der Ausweisung von Programmgebieten und „Sozialräumen" vertiefende Vor-Ort-Analysen vorgenommen werden sollten, um „alltagsweltliche Räume" im Vorfeld identifizieren zu können, wozu allerdings ausreichende Ressourcen – unter anderem Zeit – zur Verfügung gestellt werden müssten.

Insbesondere in die Erarbeitung von Zielen „sozialräumlicher" Entwicklungsstrategien sollte vor allem die Quartiersbevölkerung einbezogen bzw. von Verwaltungsseite darauf verzichtet werden, bereits mehr oder weniger „fertige" Zielvorstellungen vorzuformulieren – vielmehr erscheint es hilfreich, wenn „sozialraumbezogene" Entwicklungskonzepte für „alltagsweltliche" Themen offen gehalten und Entwicklungsziele gemeinsam mit der Quartiersbevölkerung und anderen lokalen Akteuren im Rahmen direkter Aushandlungsprozesse identifiziert werden. Damit ist die Frage nach der Notwendigkeit einer neuen kommunalen Beteiligungskultur angesprochen, die den Kern einer tiefer gehenden „Sozialraumorientierung" kommunalen Verwaltungshandelns im Sinne einer bedarfsgerechten, koproduzierenden und (damit) auf Resilienz zielenden Quartiersentwicklung ausmacht.

Zum Nach- und Weiterlesen

Deinet, Ulrich (2002): Der qualitative Blick auf Sozialräume als Lebenswelten, in: Deinet, Ulrich, und Richard Kirsch (Hrsg.): Der sozialräumliche Blick der Jugendarbeit. Methoden und Bausteine zur Konzeptentwicklung und Qualifizierung, Opladen.

Franke, Thomas (2011): Raumorientiertes Verwaltungshandeln und integrierte Quartiersentwicklung. Doppelter Gebietsbezug zwischen „Behälterräumen" und „Alltagsorten", Wiesbaden (Reihe Quartiersforschung).

ISA – Institut für soziale Arbeit e.V. (Hrsg.)(2001): Expertise Sozialraumorientierte Planung. Begründungen, Konzepte, Beispiele, Münster.

Löw, Martina (2001): Raumsoziologie, Frankfurt/Main.

Werlen, Benno (1997): Sozialgeographie alltäglicher Regionalisierungen. Band 2. Globalisierung, Region und Regionalisierung, Stuttgart.

Busso Grabow und Stefan Schneider

Gewappnet gegen kommunale Finanzkrisen?

Kommunale Finanzkrisen – Symptome einer schleichenden Bedrohung

Das Jahr 2008 wird auf lange Zeit mit dem Beginn der globalen Finanzkrise verbunden werden. Seitdem prägt das Wort „Krise" die finanz-, wirtschafts- und gesellschaftspolitische Diskussion. Ihren vorläufigen Höhepunkt findet die Entwicklung aktuell in der europäischen Staatsschuldenkrise, die ganze Nationen vor eine politische und gesellschaftliche Zerreißprobe stellt.

Vergessen wird dabei schnell: Die Jahre 2007 und 2008 waren für die Kommunen in Deutschland fiskalische Rekordjahre. Der durch die gesamtwirtschaftliche Lage verursachte Rückgang der kommunalen Einnahmen in den Folgejahren konnte inzwischen fast wieder wett gemacht werden. 2011 lagen die Einnahmen der Kommunen mit 184 Mrd. Euro preisbereinigt wieder auf dem Niveau von 2008 (176 Mrd. Euro; preisbereinigt auf 2011 182 Mio. Euro) (vgl. BMF 2012, S. 1). Der Anteil der kommunalen Verschuldung an der staatlichen Gesamtverschuldung ist seit Mitte der 1970er-Jahre von fast einem Drittel auf aktuell gute sechs Prozent zurückgegangen, bei einer staatlichen Gesamtverschuldung von 2,011 Billionen Euro (Stand: 31.12.2010; vgl. Statistisches Bundesamt 2012b). Hier wirkte die Genehmigungspflicht der Haushalte durch Kommunalaufsichtsbehörden quasi wie eine „Schuldenbremse".

Dass die Krise deshalb an den deutschen Kommunen vorbeiginge, wäre allerdings ein Fehlschluss. Die Ausgaben der Kommunen sind in den letzten zehn Jahren kontinuierlich gestiegen. Für die Kommunen bleibt es deshalb 2011 unter dem Strich bei einem Defizit von 1,7 Mrd. Euro. Der Ausblick auf 2012 lässt kaum eine weitere Verbesserung erwarten. Das KfW-Kommunalpanel 2011 hat gezeigt: Fast zwei Drittel der Gemeinden gehen für 2012 von einer Verschlechterung ihrer Gesamtfinanzierungssituation aus (vgl. KfW 2012, S. 26 f.). Mittelfristig kommen auf die Kommunen weitere Belastungen zu (siehe unten).

Vor diesem Hintergrund überrascht es kaum, wenn eine weitere Verschärfung der kommunalen Finanzlage befürchtet wird. Die kommunalen Haushalte sind längst mitten in der Krise. Die strukturellen Probleme des Gemeindefinanzierungssystems waren jedenfalls schon vor der globalen Krise ein Thema. Aber was macht diese kommunale Finanzkrise aus? Was sind die Ursachen für die finanzielle Schieflage? Auf welche weiteren Belastungen müssen sich die Kommunen einstellen, und vor allem: wie können sie sich dagegen wappnen? Wie können sie also die Widerstands- und Anpassungsfähigkeit – das heißt die Resilienz – verbessern?

Merkmale und Ursachen kommunaler Finanzkrisen

Die kommunalen Finanzierungssalden waren im Zeitraum von 1989 bis 2011 gerade einmal in sechs Jahren positiv. In der Vergangenheit wurden sogar in Zeiten wirtschaftlicher Prosperität nur selten Schulden abgebaut. Selbst in den Zeiträumen mit Überschüssen 1998 bis 2000 und 2006 bis 2008 wuchsen die Kassenkredite ungebremst.

Anders als in den letzten 40 oder 50 Jahren stellt sich die Situation aktuell allerdings in mehrfacher Hinsicht verändert und tatsächlich krisenhaft dar:

■ Die Kassen- oder Liquiditätskredite der Kommunen sind in den letzten Jahren in einigen Bundesländern explosionsartig angestiegen, und es gibt keine Anzeichen dafür, dass sich dieser

Anstieg abflacht[1]. Mit 44,3 Mrd. Euro im Jahr 2011[2] haben sie sich seit 2004 mehr als verdoppelt (vgl. Statistisches Bundesamt 2012a).

- Zugleich öffnet sich die Schere zwischen Kommunen mit ausreichenden Finanzmitteln und strukturellen Stärken einerseits und finanzschwachen Kommunen mit Strukturproblemen andererseits immer weiter (vgl. KfW 2012). Während knapp 20 Prozent der Kommunen sich zumindest eine befriedigende Finanzlage attestieren, muss ein erheblicher Teil der Kommunen inzwischen Haushaltssicherungskonzepte vorlegen. Auch hier konzentriert sich das Problem auf einzelne Bundesländer (vgl. Spars/Jacob/Müller 2011, S. 4).

- Basel III[3] wird sich erheblich auf die Kommunalfinanzierung auswirken, u.a. durch Neubewertung von Kredit- und Liquiditätsrisiken auch bei öffentlichen Kreditnehmern – die Folgen: eine starke Zurückhaltung bis hin zum Wegfall von klassischen Kommunalfinanzierern oder eine Begrenzung des Kreditvolumens der einzelnen Banken pro Kommune (Diversifizierung). Es wird kaum noch ein Geheimnis daraus gemacht, dass ein Rating von Kommunen im Zusammenhang mit der Kreditfinanzierung zum Normalfall werden könnte.

- Durch den europäischen Fiskalpakt und die Schuldenbremse von Bund und Ländern ist zu erwarten, dass entsprechende Ansätze der Haushaltskonsolidierung sich auch negativ auf die Höhe etwa von Förderprogrammen und die kommunale Finanzausgleichsmasse auswirken. Für die Kommunen in den neuen Bundesländern machen sich auf der Einnahmenseite u.a. der Wegfall der Solidarpaktmittel, die Neustrukturierung der EU-Förderkulisse und der Einwohnerrückgang erheblich in den Kassen bemerkbar.

Insgesamt hat die aktuelle Diskussion um die Finanzkrisen und die Insolvenzfähigkeit von Nationalstaaten wie auch von Kommunen neue Fahrt aufgenommen. Deutlich wird wie nie zuvor, dass eine nachhaltige finanzielle Entwicklung der öffentlichen Hand zu lange außerhalb des Blickfelds lag. „Das Hauptproblem ist, dass selbst reiche Kommunen lange Zeit auf Kosten der Zukunft gelebt haben. Wir wissen, dass wir uns das nicht mehr leisten können."[4]

Es gibt eine Reihe struktureller Ursachen für die schwierige finanzielle Lage vieler (nicht aller) Kommunen (vgl. z.B. RNE 2011; Hansmann 2011). So kann nicht bestritten werden, dass ein Teil des kommunalen Finanzdilemmas auch selbstgemacht ist. Gerade in den Aufbauphasen der 1960er- und 1970er-Jahre gab es einen Bürgermeisterwettbewerb um die beste und modernste Infrastruktur („Jeder Stadt ihr Hallenbad"). Deren Aufbau war oft kreditfinanziert, Leistungsversprechen, die heute so nicht mehr vorstellbar sind, wurden gegeben. Nicht nur durch das kamerale Rechnungswesen und das Denken in Haushaltsjahren – maximal in Wahlperioden – wurden Folgekosten etwa von Investitionen vielfach ignoriert. Hinzu kommt, dass es an einer Anpassung an zurückgehende Bedarfe fehlt und die Aufgabenkritik gering ausgeprägt ist. Dementsprechend werden in der Regel bisherige Aufgaben auch kaum gestrichen oder Infrastrukturen zurückgebaut; meist wird nur immer weiter „aufgesattelt".

Ein erheblicher Teil des Finanzdilemmas trifft die Kommunen aber unverschuldet. Regelmäßig werden ihnen Leistungen durch Bund und Länder aufgebürdet, die nicht ausreichend gegenfinanziert sind – eine Verletzung des Konnexitätsprinzips bzw. eine ungenügende Ausfüllung der Konnexitätsregeln (vgl. z.B. Verfassungsgerichtshof Rheinland-Pfalz 2012; Bunzel/Hanke 2011). Die

---

1 Diese Kredite sollen eigentlich nur dazu dienen, kurzfristige Liquiditätslücken auszugleichen, ähnlich dem privaten Dispositionskredit. Sie nehmen inzwischen aber immer häufiger einen dauerhaften Charakter ein und werden vielerorts indirekt auch zur Finanzierung von kommunalen Investitionen herangezogen.

2 Verschuldung mit Kassenkrediten der Kern- und Extrahaushalte der Gemeinden/Gemeindeverbände zum 30. September 2011 (vgl. Statistisches Bundesamt 2012a).

3 Basel III ist ein Reformpaket zur Umsetzung einer veränderten Bankenregulierung in Folge der Finanz- bzw. Wirtschaftskrise ab 2007.

4 Der Tübinger Oberbürgermeister Boris Palmer in RNE (2011).

Kommunen haben auf die Entwicklungen von pflichtigen Aufgabenfeldern und entsprechenden Ausgabensteigerungen oft kaum Einfluss. So stiegen etwa die kommunalen Sozialausgaben in den letzten zehn Jahren jährlich um durchschnittlich vier Prozent – und damit wesentlich stärker als die kommunalen Einnahmen. Schließlich generieren auch steuerliche Entscheidungen auf Bundesebene seit Langem erhebliche negative finanzielle Effekte für die Kommunen (vgl. z.B. Stadt Hannover o.J.).

Egal, ob selbstverschuldet oder fremdbestimmt: Gerade strukturschwache Kommunen werden inzwischen von den Zins- und Tilgungslasten hoher Schuldenstände „erdrückt", so dass sie aus eigener Kraft nicht wieder finanziell gesunden können. Hinzu kommen weitere Probleme und Risiken:

- Die implizite Verschuldung der Kommunen wird im Haushalt bisher nicht abgebildet. Erst mit der Einführung der Doppik wurden und werden Rückstellungen z.B. für zukünftige Pensionslasten zum Thema gemacht.

- In vielen Kommunen ist seit Jahren ein Vermögensverzehr durch negative Netto-Investitionen zu beobachten (vgl. KfW 2012), der auch durch Einführung der Doppik erkennbar wird.

- Durch den demografischen Wandel wird es für die Kommunen in den nächsten Jahren und Jahrzehnten immer wichtiger, ihre Leistungen an den tatsächlichen Bedarf anzupassen. Dies bedeutet nicht nur Rückbau, sondern auch Ausbau, funktionale Erneuerung und Erhaltung.

- Bei dem derzeit historisch niedrigen Zinsniveau ist der Schuldendienst, trotz des hohen Schuldenstandes, oft noch zu bewältigen. Der unausweichliche Zinsanstieg – unklar ist nur, wann die Finanzmärkte sich wieder in diese Richtung entwickeln – ist Sprengstoff gerade für die zukünftige Leistungsfähigkeit der hochverschuldeten Kommunen (vgl. Lenk/Junkernheinrich u.a. 2011).

Paradigmenwechsel zu beobachten

Infolge der weltweiten Wirtschafts- und Finanzkrise sowie der europäischen Staatsschuldenkrise war und ist die internationale und nationale Finanzpolitik dabei, Umorientierungen und Neubewertungen der vorhandenen wirtschafts- und finanzpolitischen Instrumente vorzunehmen, die einem Paradigmenwechsel gleichkommen. Die im Grundgesetz und in den Länderverfassungen verankerte Schuldenbremse mit der Verpflichtung, in absehbarer Zeit ausgeglichene Haushalte aufzustellen, wäre vor zehn Jahren noch nicht denkbar gewesen.

Das Prinzip, dass die Ausgaben die Einnahmen nicht übersteigen dürfen, hatte für die Kommunen auch in der Vergangenheit bereits Bestand und ist im kommunalen Haushaltsrecht der Länder verankert. Die Finanzausstattung der Kommunen und die Praxis der Kommunalaufsicht in manchen Bundesländern waren jedoch vielfach weit davon entfernt, dieses Prinzip stringent durchzusetzen bzw. überhaupt durchsetzen zu können und zu wollen (vgl. z.B. Burth 2012b; Holler 2012). Das kontinuierliche Anwachsen der Kommunalschulden und vor allem der rasante Anstieg der Kassenkredite wurden zwar beklagt, aber es gab in manchen Bundesländern kein wirksames staatliches Eingreifen.

Als Paradigmenwechsel kann man auch bezeichnen, dass inzwischen sieben Bundesländer kommunale Entschuldungsprogramme aufgelegt haben. Dies wäre vor einigen Jahren vielleicht als wünschenswert, aber als völlig unrealistisch betrachtet worden. Bund und Länder haben in den letzten Jahren erkennen lassen, dass sie zumindest in Ansätzen bereit sind, die strukturellen Finanzierungsdefizite vieler Kommunen anzuerkennen. Zeichen sind und waren auch die eingeführten Konnexitätsregeln – auch wenn sie bis heute oft noch nicht ausreichend umgesetzt werden. Außerdem übernimmt der Bund zukünftig die Kosten der Grundsicherung im Alter – eines der wenigen konkreten Ergebnisse der Gemeindefinanzreform. Zusätzlich hat er für die Zukunft Entlastungen bei der Eingliederungshilfe in Aussicht gestellt.

Begriffe wie „Generationengerechtigkeit" oder „Nachhaltigkeit" finden plötzlich auch in Diskussionen über die finanziellen Perspektiven von Kommunen Widerhall. Eine Umfrage unter kommunalen Kämmerern ergab 2011, dass diese dem Ziel generationengerechter Haushalte inzwischen hohe Bedeutung beimessen (vgl. Burth 2012a, S. 184). Die – wenn auch langsam – zunehmende Nutzung der Doppik in den Kommunen als Informationsinstrument, die stärkere Berücksichtigung von Lebenszyklusmodellen und Folgekostenrechnungen oder Demografiechecks sind weitere Hinweise für ein grundsätzliches Umdenken in den Kommunen.

Auch wenn manche der neuen Instrumente – ob Schuldenbremse, Entschuldungsprogramme oder Änderungen im Gemeindefinanzsystem – nicht konsequent genug umgesetzt werden, manchmal kontraproduktiv sind oder teilweise zu Fehlanreizen führen; auch wenn die Kommunen sie selbst nur begrenzt beeinflussen können: Die Richtung stimmt, und es darf das Rad nicht zurückgedreht werden. Ergänzend dazu müssen die Kommunen alle Möglichkeiten nutzen, mit denen sie selbst sich gegen zukünftige Störungen im System der kommunalen Daseinsvorsorge wappnen können.

Ansatzpunkte und Perspektiven für die Kommunen

Im Mittelpunkt der Diskussion zur Lösung der finanziellen Probleme der Kommunen stehen vor allem Maßnahmen, die zum Haushaltsausgleich führen, und der Schuldenabbau. Beispielsweise wurde im Land Nordrhein-Westfalen der Stärkungspakt Stadtfinanzen geschlossen. Er basiert auf einem Konzept zur Rückgewinnung kommunaler Finanzautonomie (vgl. Lenk/Junkernheinrich u.a. 2012). Das Stärkungspakt-Gesetz sieht eine finanzielle Unterstützung für diejenigen Kommunen vor, die entweder schon überschuldet sind oder deren Überschuldung innerhalb der Mittelfristigen Finanzplanung zu erwarten ist. Voraussetzung für die Sanierungshilfe des Landes ist aber ein klarer Sparkurs. Ähnliche kommunale Entschuldungsprogramme gibt es inzwischen in sechs weiteren Bundesländern, beispielsweise den Kommunalen Schutzschirm in Hessen oder den kommunalen Entschuldungsfonds in Rheinland-Pfalz.

Im Zusammenhang mit dem Urteil des Verfassungsgerichtshofs Rheinland-Pfalz zum dortigen Kommunalen Finanzausgleich – in ihm wird ein Verstoß gegen die verfassungsrechtliche Selbstverwaltungs- und Finanzausstattungsgarantie festgestellt – wird ebenfalls darauf hingewiesen, dass Kommunen ihre eigenen Einnahmequellen ausschöpfen und Einsparpotenziale bei der Aufgabenwahrnehmung verwirklichen müssen (vgl. Verfassungsgerichtshof Rheinland-Pfalz 2012).

Beide Ansätze machen deutlich: Weder die Lösung der aktuellen finanziellen Probleme noch die Absicherung gegen die Wirkungen zukünftiger Krisen werden ohne eigene Anstrengungen der Kommunen möglich sein. So müssen die Gemeinden prüfen, ob sie ihre Steuereinnahmen durch Anpassungen bei den Hebesätzen erhöhen können, ob sie in gebühren- und beitragsfinanzierten Bereichen bereits kostendeckende Einnahmen erzielen und ob sie Nutzer kommunaler Angebote stärker zur Finanzierung heranziehen können. Neben einer Reihe weiterer Ansätze auf der Einnahmenseite (vgl. z.B. Schneider u.a. 2011a) geht es – auch trotz der schon erfolgten erheblichen Bemühungen der Kommunen – darum, die Ausgaben weiter zu reduzieren bzw. das Ausgabenwachstum abzubremsen. Dafür gibt es eine Vielzahl von tauglichen Vorschlägen aus Expertenkreisen[5]. Mögliche Ansätze könnten veränderte Formen der Leistungserbringung, beispielsweise durch

---

5   Vgl. z.B. Akademie für Raumforschung und Landesplanung (Hrsg.): Gemeindefinanzreform – Empfehlungen aus raumwissenschaftlicher Sicht, Hannover 2010; Hansmann, M. (Hrsg.): Kommunalfinanzen in der Krise, Berlin 2011; Junkernheinrich, M.: Wege aus der kommunalen Finanzkrise, oder: Wie könnte ein zukunftsfähiges Gemeindefinanzsystem aussehen?, in: Junkernheinrich, M., und H. Zierold (Hrsg.): Bevölkerung, Finanzkrise und Gemeindefinanzreform. Forum öffentliche Finanzen, Bd. 8, S. 29–39.

stärker standardisierte Verfahren oder die Kooperation über Bereichs- und Verwaltungsgrenzen hinaus, bieten. Dazu gehört insbesondere auch die Diskussion darüber, welche Aufgaben zukünftig noch zwingend durch die Kommunen erbracht werden müssen und welche Mindeststandards dabei gelten sollen. In der politischen Diskussion finden viele dieser Ansätze bisher jedoch noch nicht genügend Beachtung.

Unabhängig davon, ob und wie die aktuellen Probleme der kommunalen Haushalte dadurch gelöst werden können, gibt es eine Reihe von weiteren Ansatzpunkten, die das Potenzial haben, Kommunen widerstandsfähiger gegenüber zukünftigen Finanzkrisen zu machen.

Neben der primär liquiditätsorientierten Perspektive ist insbesondere die Betrachtung des kommunalen Vermögens für die finanzielle Stabilität von Kommunen wichtig. Hohe Verschuldung ist für eine Kommune dann ein besonderes Problem, wenn dem Fremdkapital kein entsprechendes Anlagevermögen gegenübersteht. Dies ist per Definition bei den Kassenkrediten der Fall, da diese zur Deckung von kurzfristigen Liquiditätsengpässen dienen. In zahlreichen Kommunen sind jedoch darüber hinaus auch die langfristigen Schulden bei einer vollständigen Erfassung deutlich höher als der fortgeführte Wert des damit finanzierten Vermögens (vgl. Budäus/Hilgers 2011, S. 265 f.). Auch wenn sich die Bedingungen für die Aufnahme von Krediten trotz der Finanz- und Bankenkrise für viele Kommunen bisher kaum verschlechtert haben (vgl. KfW 2012, S. 61), werden strengere Eigenkapital- und Liquiditätsanforderungen im Rahmen von Basel III die Anforderungen zukünftig erhöhen. Für die Kommunen ist es deshalb wichtig, einen Überblick über den Zustand und damit den tatsächlichen Wert des kommunalen Vermögens zu haben. Erst dann lässt sich der Verschuldungsgrad überhaupt sinnvoll ermitteln.

Für die Eröffnungsbilanz im Rahmen der Doppik-Einführung haben viele Kommunen entsprechende Informationen bereits zusammengestellt. Als Grundlage einer langfristig ausgerichteten Finanz- und Infrastrukturplanung werden jedoch noch detailliertere Informationen über das eigene Infrastrukturvermögen benötigt, als sie die teilweise pauschalen Bewertungen aus der Eröffnungsbilanz liefern. Durch kostensparende Instandhaltungs- und Modernisierungsstrategien, die den Zustand der Infrastruktur einerseits und den zukünftigen Bedarf andererseits berücksichtigen, kann die Verfügbarkeit von Einrichtungen der kommunalen Daseinsvorsorge abgesichert werden. Allerdings „schleppen" die Kommunen die Lasten der viele Jahre lang unterlassenen Unterhaltungs- und Erhaltungsmaßnahmen mit.

Damit kommt eine dritte Perspektive ins Spiel, durch deren Berücksichtigung kommunale Haushalte widerstandsfähiger gegen Krisensituationen werden können. Es geht einmal mehr darum, knappe Ressourcen effizient und effektiv einzusetzen. Voraussetzung dafür ist, dass Kommunen ihren wahren Ressourcenverbrauch kennen. Nur so können sie sicherstellen, dass sie ihre Aufgaben mit möglichst geringem Mitteleinsatz erfüllen. Durch Festlegen entsprechender Prioritäten kann der Ressourceneinsatz auch so gesteuert werden, dass damit die größtmögliche Wirkung erreicht wird. Aufgrund der Besonderheiten der kommunalen Daseinsvorsorge müssen dabei neben finanziellen Auswirkungen immer auch nicht-monetäre Nutzenaspekte berücksichtigt werden.

Bisher war das Sichtfeld von Politik und Verwaltung auf die Einnahmen und Ausgaben der Kommunen, also im Grunde auf die Liquidität, verengt. Erst mit der Einführung der Doppik als integrierter Verbundrechnung steht eine Datengrundlage für alle drei Perspektiven zur Verfügung: die Finanzrechnung als Abbild der Liquidität, die Bilanz als Darstellung von Vermögen und Schulden sowie die Ergebnisrechnung als wichtige Grundlage für Betrachtungen zu Effizienz und Effektivität. Allerdings wird diese Basis in den Kommunen noch nicht umfänglich genutzt (vgl. Schneider u.a. 2011b, S. 20 f.). Zumindest diejenigen Kommunen, die bereits auf die Doppik umgestellt haben, könnten dieses Potenzial nutzen, um sich für zukünftige Herausforderungen zu wappnen. Alle anderen sollten prüfen, ob sie diesen Weg ebenfalls einschlagen können.

Fazit

Für nicht wenige Kommunen ist die kommunale Finanzkrise keine zukünftige Bedrohung – sie stecken vielmehr schon mittendrin. Kommunen in Haushaltsnotlagen und mit hohen Zins- und Tilgungslasten haben im Normalfall keine Chance, sich aus eigener Kraft aus dem Schuldensumpf zu ziehen. Bevölkerungsverluste, überproportional steigende Sozialausgaben und nicht vorhandene Möglichkeiten, Zukunftsinvestitionen zu tätigen, gehen eine unheilige Allianz im Sinn einer sich selbst verstärkenden Abwärtsspirale ein. Wenn die Schuldenbremse der Länder, die Veränderung der EU-Strukturfonds, Verschärfungen der Situation auf dem Markt für Kommunalkredite (Stichwort Basel III) und das Auslaufen des Solidarpakts für die ostdeutschen Kommunen als veränderte Rahmenbedingungen noch hinzukommen und die wachsenden Pensionslasten für die Kommunen stärker wirksam werden, dann steht zu befürchten, dass einige Kommunen gänzlich den Anschluss verlieren werden. Hier muss die Solidargemeinschaft der Kommunen mit Unterstützung von Bund und Ländern einen weiteren Absturz verhindern. Die Entschuldungsprogramme einzelner Bundesländer sind ein guter Ansatz, der aber alleine bei weitem nicht ausreicht.

Eine finanzielle Gesundung, verbunden mit der Möglichkeit, noch sinnvoll zu investieren – z.B. in Bildung und Integration, Energieeffizienz, Rückbau und Umbau – ist Grundvoraussetzung für eine zukunftsfähige Entwicklung der Kommunen. Die häufig undifferenziert gestellte Forderung „Schulden runter" ist unter dem Blickwinkel der Krisenfestigkeit und einer sozialen, ökologischen und ökonomischen Rendite manchmal nur die zweitbeste Lösung. Die Kommunen müssen sich durch Wahrnehmung der oben genannten Handlungsoptionen selbst stabilisieren. Voraussetzung dafür ist, dass Bund und Länder durch eine wirksame Reform des Gemeindefinanzsystems und die Anpassung der staatlichen Finanzierung und Förderung hin auf eine nachhaltige Entwicklung den Rahmen für intelligentes Sparen *und* intelligentes Investieren schaffen.

Auch für Kommunen, die heute noch über solide Finanzen verfügen, sind die beschriebenen Ansätze von Bedeutung. Nur so können sich die Kommunen auch für zukünftige Krisen bestmöglich aufstellen. Dafür gibt es verschiedene Prinzipien: ein auf lange Sicht dauerhafter Haushaltsausgleich, langfristige Planung unter Berücksichtigung der absehbaren, großen Entwicklungslinien in Gesellschaft, Wirtschaft und Umwelt sowie Transparenz der Folgekosten von Entscheidungen und Vorhaben nicht nur der Stadtentwicklung. Jedes Handeln muss sich langfristig rechnen – ob direkt monetär oder indirekt durch eine nachweisbare Steigerung der gesellschaftlichen Wohlfahrt.

Zum Nach- und Weiterlesen

Budäus, Dietrich, und Dennis Hilgers (2011): Kann Doppik die öffentlichen Haushalte sanieren? Anmerkungen zu den Funktionen und der Leistungsfähigkeit des neuen öffentlichen Haushalts- und Rechnungswesens, in: Hansmann, Marc (Hrsg.): Kommunalfinanzen in der Krise, Berlin, S. 253–273.

BMF – Bundesministerium der Finanzen (2012): Entwicklung des Öffentlichen Gesamthaushalts, Stand 9/2012, http://www.bundesfinanzministerium.de/Content/DE/Monatsberichte/2012/09/Inhalte/Kapitel-6-Statistiken/6-1-07-entwicklung-des-oeffentlichen-gesamthaushalts.html?__act=renderPdf&__iDocId=280202

Bunzel, Arno, und Stefanie Hanke (2011): „Wer zahlt die Zeche?" Das Konnexitätsprinzip – richtig angewandt. Dokumentation der Tagung in Zusammenarbeit mit dem Deutschen Städtetag am 1. Dezember 2010, Berlin (Difu-Impulse, H. 7/2011).

Burth, Andreas (2012a): Empirische Befunde zur Einführung des neuen kommunalen Haushalts- und Rechnungswesens, in: Hilgers, Dennis, Reinbert Schauer und Norbert Thom (Hrsg.): Public Management im Paradigmenwechsel, Linz, S. 179–194.

Burth, Andreas (2012b): Die Kommunalverschuldung wirksam begrenzen – Entwicklung des Modells einer doppischen Schuldenbremse, in: Hilgers, Dennis, Reinbert Schauer und Norbert Thom (Hrsg.): Public Management im Paradigmenwechsel, Linz, S. 209–227.

Hansmann, Marc (2011): Kommunalfinanzen in der Krise. Problemlagen und Handlungsansätze im Überblick, in: Hansmann, Marc (Hrsg.): Kommunalfinanzen in der Krise. Problemlagen und Handlungsansätze, Berlin, S. 13–29.

Holler, Benjamin (2012): Liquiditätsverschuldung außer Kontrolle? Kommunale Finanzaufsicht im Ländervergleich (Forschung für Kommunen – Arbeitspapier 01/2012), http://forschung-fuer-kommunen.de/images/ffk_ap_01_2012.pdf

KfW (Hrsg.) (2012): KfW-Kommunalpanel 2011, Frankfurt/Main.

Lenk, Thomas, Martin Junkernheinrich und andere (2011): Haushaltsausgleich und Schuldenabbau – Konzept zur Rückgewinnung kommunaler Finanzautonomie im Land Nordrhein Westfalen (Zusammenfassung), http://ratsinformation.stadt-koeln.de/vo0050.asp?__kvonr=27365&voselect=6528

RNE – Rat für nachhaltige Entwicklung (Hrsg.) (2011): Städte für ein nachhaltiges Deutschland. Im Auftrag des Rats für Nachhaltige Entwicklung auf Veranlassung der Oberbürgermeisterinnen und Oberbürgermeister des Dialogs „Nachhaltige Stadt" vom Deutschen Institut für Urbanistik erarbeitet, Berlin.

Schneider, Stefan, Busso Grabow, Beate Hollbach-Grömig und Jens Libbe (2011a): Finanzierung neu denken – Kommunale Daseinsvorsorge unter dem Einfluss von Haushaltsengpässen und demografischem Wandel, Berlin (Difu-Impulse, H. 4/2011).

Schneider, Stefan, Busso Grabow, Beate Hollbach-Grömig und Mandy Schwausch (2011b): Städtebauförderung und Doppik, Berlin, edoc.difu.de/edoc.php?id=28CYVL17

Spars, Guido, Patricia Jacob und Anja Müller (2011): Kommunale Haushaltsnotlagen. Bestandsaufnahme und Möglichkeiten der Reaktion im Rahmen der Städtebauförderung des Bundes und der Länder, http://www.bbsr.bund.de/cln_032/nn_340582/BBSR/DE/FP/ReFo/Staedtebau/2010/Haushaltsnotlage/Endbericht__Haushaltsnotlagen.html?__nnn=true

Stadt Hannover (Hrsg.) (o.J.): Memorandum der Landeshauptstadt Hannover zu den Auswirkungen steuerpolitischer Entscheidungen auf den städtischen Haushalt, Hannover.

Statistisches Bundesamt (2012a): Finanzen und Steuern. Vierteljährliche Kassenergebnisse des öffentlichen Haushalts 1.–3. Vierteljahr 2011, Fachserie 14 Reihe 2, Wiesbaden.

Statistisches Bundesamt (2012b): Schulden des öffentlichen Gesamthaushalts am 31.12.2010 beim nicht-öffentlichen Bereich,
https://www.destatis.de/DE/ZahlenFakten/GesellschaftStaat/OeffentlicheFinanzenSteuern/OeffentlicheFinanzen/Schulden/Tabellen/SchuldenOeffentlHaushalte_2010.html

Verfassungsgerichtshof Rheinland-Pfalz, Pressemitteilung Nr. 3/2012,
http://www.mjv.rlp.de/Gerichte/Verfassungsgerichtshof/Aktuelles/broker.jsp?uCon=02896276-1a75-31a8-c126-e477fe9e30b1&uBasVariant=11111111-1111-1111-1111-111111111111&uTem=aaaaaaaa-aaaa-aaaa-aaaa-000000000013&uMen=3cf20fb0-0665-3121-ff9e-2b87077fe9e3

Stefanie Hanke

Rekommunalisierung – Ein Mittel, um die kommunale Resilienz zu sichern?

Nachdem in dem Band bereits wichtige kommunale Aufgabenbereiche konkreter in den Blick genommen wurden, wendet sich dieser Beitrag übergreifender der Frage nach der "richtigen" Organisationsform im Lichte kommunaler Resilienz zu. Nach einer Privatisierungswelle ist nun vermehrt wieder von Rekommunalisierungen die Rede. Es stellt sich die Frage, wie dieser Wandel der Organisationsformen einzuordnen ist und wie die Debatte "Ein- contra Ausgliederung" zu führen und zu beantworten ist, wenn das Augenmerk auf die Resilienz der Städte gelegt wird. Dazu werden unter anderem Eigenschaften, Anforderungen und Prinzipien resilienter Städte den Vor- und Nachteilen von Rekommunalisierungen gegenübergestellt.

Begriffsklärungen

Resilienz

Voraussetzung für die Befassung mit der Fragestellung ist die Klärung der ihr zugrunde gelegten Begriffe. Dabei wird hier auf den ersten Beitrag von Klaus J. Beckmann in diesem Band Bezug genommen. Resilienz in dem hier verwendeten Sinne – sprachlich abgeleitet von dem lateinischen Verb *resilire* (= zurückspringen, abprallen) – kann mit Widerstandskraft oder Anpassungsfähigkeit gleichgesetzt werden. Unter Resilienz wird die Fähigkeit von Systemen verstanden, Schocks, Störungen und zeitweise Überlastungen zu absorbieren und möglichst unbeschadet bzw. sogar gestärkt weiter zu existieren[1]. Welchen Schocks und Störungen (oder auch Krisen) im Hinblick auf Sicherheit, Umwelt, Infrastruktur, Verkehr, Sozialsystem und Finanzen eine Kommune ausgesetzt sein kann, wurde bereits ausführlich beschrieben. Der u.a. aus der Ökologie stammende Begriff Resilienz umfasst Anpassungs-, Lern- und Innovationsprozesse. Mit Blick auf den Gegenbegriff Vulnerabilität wird es um die Fähigkeit von Kommunen gehen, mit Gefährdungen umzugehen. Dabei wird zwischen schockartigen Krisen (z.B. Naturkatastrophen) und häufig unbemerkten – und damit mitunter sogar gefährlicheren – langsamen negativen Veränderungen unterschieden.

Rekommunalisierung

Rekommunalisierung umschreibt einen der Privatisierung entgegengesetzten, "fließenden" Trend weg von materieller Privatisierung hin zur Eigenwahrnehmung durch öffentlich-rechtliche Einrichtungen. Dabei ist die Aufgabenwahrnehmung durch privatrechtlich organisierte Eigenunternehmen (anstelle von privatwirtschaftlichen Unternehmen) zweifellos eine – wenn nicht sogar die gängigste – Form der Rekommunalisierung[2], so dass hier von dieser als dem Grundfall der Rekommunalisierung ausgegangen wird. Sie findet sich am weitaus häufigsten im Energiesektor: So werden Stadtwerke neu gegründet, Stromnetze zurückgekauft und die Energieversorgung vor Ort übernommen.

Übergreifend muss festgehalten werden: Beim Thema Rekommunalisierung geht es nicht darum, alle privatisierten Aufgabenbereiche wieder in kommunale Hand zu bringen. Rekommunalisierun-

---

1 Abgewandelte Definition nach Birkmann u.a. (2011), S. 17.

2 Weitere Ausführungen, insbesondere zu den verschiedenen "rekommunalisierenden" Vorgehensweisen bei Libbe/Hanke (2011b), S. 21.

gen betreffen immer nur einzelne Aufgabenbereiche, die einen besonders engen Bezug zur Daseinsvorsorge aufweisen. Das bedeutet, dass der Prozess Rekommunalisierung immer auch ein Nebeneinander von kommunalen und privaten Unternehmen zulässt. Es geht nicht um eine ideologische Front zwischen dem einen und dem anderen, sondern um ein gut austariertes Verhältnis zwischen beidem.

Resilienz wofür?

Die Frage „Resilienz wofür?" kann – sofern es nicht nur um die bloße Weiterexistenz eines Systems geht – nicht allgemein beantwortet werden. Die Antwort hängt vielmehr davon ab, welche Ziele ein System – hier eine Kommune – verfolgt. So kann ein kommunales Ziel etwa mit „wirtschaftlicher Resilienz" umschrieben werden, wenn es um ausreichende Beschäftigung und Einkommen geht (vgl. etwa Gruber 2011, S. 11). Ist das Ziel – wie hier – kommunale Resilienz im Allgemeinen, erweitert sich der Fokus. Maßstab der Bewertung muss die Verwirklichung des öffentlichen Wohls sein. Aufgabe der Kommunen ist es, die Daseinsvorsorge ihrer Einwohner zu sichern. Die Versorgung mit Strom, Wärme, Wasser und die Entsorgung von Abwasser und Abfällen müssen verlässlich sein und die Teilnahme gesichert. Es geht um die Frage, wie den Bürgerinnen und Bürgern die Gewähr für eine langfristig wirksame öffentliche Leistungserbringung geboten werden kann. Dies kann analog auf die Versorgung mit Leistungen der sozialen Infrastruktur (Kinderkrippen, Kindergärten, Schulen, Gesundheits- und Sporteinrichtungen usw.) übertragen werden.

Eigenschaften resilienter Systeme

Im Rahmen der Resilienzforschung haben sich einige Eigenschaften herauskristallisiert, die resiliente Systeme und Organisationen in besonderer Weise charakterisieren.

Vernetzung

Voraussetzung für Vernetzung ist eine Vielzahl von Kooperationen. Darunter versteht man das gemeinsame Handeln von mindestens zwei Akteuren zum Zweck einer besseren Zielerreichung (vgl. Lukesch u.a. 2010, S. 46). Die Fähigkeit, rekommunalisierte Unternehmen zu vernetzen, zeigt sich an der Vielzahl von Kooperationen[3] und Kooperationsformen kommunaler Unternehmen. So gibt es neben institutionellen Zusammenschlüssen und reinen Einkaufskooperationen, mit denen die günstigen Einkaufskonditionen großer Verbundunternehmen erreicht werden, auch rein informelle Formen der Zusammenarbeit. Institutionelle Kooperationen führen zumeist zu gestiegener Verwaltungskraft bei Erhalt politischer Eigenständigkeit. Bei unzureichender Steuerung bergen sie allerdings auch die Gefahr in sich, dass Verantwortung und Risiken unklar verteilt sind und Überkapazitäten entstehen.

---

3 Zwar gibt es keine aktuellen Erhebungen über den Umfang interkommunaler Kooperationen, es ist aber davon auszugehen, dass diese die Zahl der öffentlich-privaten Partnerschaften weit übertreffen.

Flexibilität

Eine Eigenschaft resilienter Systeme ist ihre Flexibilität nicht nur im Hinblick auf die Organisationsform, die nur Mittel zum Zweck ist, sondern insbesondere auch mit Blick auf Zielerreichung bzw. Aufgabenerfüllung, auf Strategien, Konzepte und Maßnahmen.

Überlässt eine Kommune eine Aufgabe der Daseinsvorsorge der Privatwirtschaft, beschränkt sich ihre Flexibilität nur noch darauf, diese Aufgabe durch Rekommunalisierung wieder an sich zu ziehen – was höchst kompliziert sein kann –, oder darauf, wie sie ihrer Gewährleistungsverantwortung gerecht wird. Die zumeist langfristigen vertraglichen Bindungen mit Privatunternehmen sind dabei in der Regel unflexibler als Kooperationen mit anderen kommunalen Unternehmen. Hier gibt es je nach Bedarf und Voraussetzungen vor Ort eine große Bandbreite an Erscheinungsformen: gemeinschaftliche Leistungserbringung, Beauftragung einer Gemeinde „für alle" sowie Beauftragung einer separaten öffentlichen Einrichtung. Zudem können interkommunale Kooperationen – dem Bedarf entsprechend – hinsichtlich Aufgabenumfang, Kooperationsziel und Grad der Rechtsverbindlichkeit flexibel ausdifferenziert werden. Zugleich bleibt man jedoch „in der kommunalen Familie", was die einheitliche Zielverfolgung vereinfacht.

Zudem verringert die Auslagerung den Bestand an Know-how in den Kommunen, was Abhängigkeiten schafft und die Gemeinden wiederum unflexibler werden lässt. Durch kommunale Unternehmen kann das resilienzfördernde Prinzip der Modularität grundsätzlich besser verwirklicht werden. Flexibilität für die Kommune als Ganzes kann auch durch die Einsparpotenziale des steuerlichen Querverbunds sowie dadurch erreicht werden, dass kommunale Unternehmen Einnahmen erwirtschaften. Deren Verwendung für andere Zwecke kann allerdings zulasten der Flexibilität des kommunalen Unternehmens gehen.

Reaktionskapazitäten

Selbst wenn ein System in einem großen Maße Gefährdungen ausgesetzt ist, kann dessen Vulnerabilität gering ausfallen, wenn gleichzeitig die Reaktionsgeschwindigkeit des Systems hoch ist. Diese wird insbesondere durch kurze Informations- und Entscheidungswege und das frühzeitige Erkennen möglicher Entwicklungen beschleunigt. Rekommunalisierungen können hier einen Beitrag leisten, weil dadurch Versorgungsleistungen in nur „eine Hand" gelegt werden können und von dort aus der Weg in die Kommune und zurück sehr kurz sein kann.

Das Merkmal der Reaktionsfähigkeit steht in engem Zusammenhang mit dem Begriff Schock-Resilienz. Dieser beschreibt die Fähigkeit, auf plötzliche und unvorhersehbare Veränderungen der Systemumwelt zu reagieren. Die wichtigste Voraussetzung dafür ist das Vorhandensein handlungsfähiger Einheiten, das heißt mit der notwendigen materiellen und immateriellen Ausstattung versehener Einheiten. Sowohl Ausrüstung als auch Wissen gehen durch Privatisierungen verloren, was gerade in Anbetracht der bestehenden sog. Ausfallverantwortung der Kommunen bei der Leistungserstellung durch Private sehr problematisch sein kann. Rekommunalisierungen können dem entgegenwirken.

Strategiefähigkeit

Neben der Schock-Resilienz bedarf es einer Anpassungsfähigkeit an längerfristige Veränderungen in der Systemumwelt, einer Strategiefähigkeit. Durch Rekommunalisierungen nicht nur des Netzes, sondern auch der Energieversorgung gewinnen Kommunen ihren Einfluss auf die energiepolitische Entwicklung vor Ort zurück. So können sie etwa durch den Bau von dezentralen klimafreundlichen Energieerzeugungsanlagen Vorsorge tragen im Hinblick auf die drohende Verteuerung der

Energieversorgung und den Klimawandel. Ebenso wie bei der Schock-Resilienz erfordert auch die Strategiefähigkeit Wissen, welches im Zuge von Rekommunalisierungen neu angeeignet werden kann.

Immatrielle Infrastruktur

Aus dem Blickwinkel der Resilienz wird auch die „mentale Verfasstheit" eines Systems für zentral gehalten (vgl. Gruber 2011, S. 12). Hierzu zählen etwa die regionale Verwurzelung und Einbettung, aber auch gut ineinander greifende Governance-Systeme. Aus Umfragen ist abzuleiten, dass es eine emotionale Verbundenheit der Bürgerinnen und Bürger mit „ihren" kommunalen Stadtwerken gibt[4], die auch durch die Schaffung von Arbeitsplätzen vor Ort unterfüttert wird. Zudem können Rekommunalisierungen die Identifizierung mit dem eigenen Unternehmen („meine" Heimat, „mein" Betrieb) und damit die Mitarbeitermotivation steigern. Eine zum Teil zu beobachtende kritische (Neben-)Wirkung von Privatisierungen ist der Ausschluss einkommensschwacher Bevölkerungsgruppen von Leistungen (vgl. etwa Reichard 2010, Folie 16). Dies widerspricht nicht nur Gemeinwohlbelangen, sondern schwächt zudem die immaterielle Infrastruktur.

Ergebnis

Den genannten Eigenschaften resilienter Systeme ist gemeinsam, dass sie auch unter den Begriff Steuerungskraft zusammengefasst werden können – oder besser gesagt: eine solche Steuerungskraft bedingen. Nur wenn die Beteiligungssteuerung im „Konzern Stadt" gut funktioniert, sollten weitere Rekommunalisierungen bzw. Beteiligungen stattfinden. Festgehalten werden kann aber: Die Eigenschaften resilienter Systeme können bei rekommunalisierten Einheiten durch die Kommune besser verwirklicht werden als bei privatisierten. Auch wenn es in der Praxis nicht immer der Wirklichkeit entsprechen mag, so lassen sich rekommunalisierte Einheiten grundsätzlich besser steuern und kontrollieren. Dazu bedarf es einer kommunal- und gleichsam unternehmensadäquaten Gestaltung der jeweiligen Unternehmenssatzung. Hier ist es Aufgabe der jeweiligen Kommune, die vom Gesellschafts- und Kommunalrecht gewährten Spielräume zu nutzen und die kommunalpolitischen Vorstellungen im Gesellschaftsvertrag umzusetzen. Die Bindung unternehmenssteuernder Organe an die kommunalen Hauptentscheidungsorgane, letztlich den Gemeinderat, verlangt die Festschreibung von Steuerungs- und Kontrollmechanismen, die so gestaltet sind, dass das gewünschte flexible und wirtschaftliche Handeln kommunaler Unternehmen gesichert und gefördert wird. Ebenso wie die Abkopplung des kommunalen Unternehmens von den kommunalen Zielen die Resilienz mindert, kann auch das kommunalpolitische „Hineinregieren" in Unternehmensentscheidungen entsprechend wirken. Durch die Art und Weise der Bestellung, durch Informationspflichten und angemessene Auskunfts-, Steuerungs-, Kontroll- und Weisungsrechte muss der Kommune ein angemessener Einfluss auf die maßgeblichen Entscheidungen des Unternehmens verbleiben – aber auch nicht mehr (vgl. dazu auch Knemeyer 2007, S. 241–243).

Nicht unerwähnt bleiben sollen hier die Risiken von Rekommunalisierungen. Im Hinblick auf den Energiesektor werden vor allem solche wirtschaftlicher Art genannt: unzureichende Investitionen durch die bisherigen privaten Eigentümer, insbesondere vernachlässigte Netzqualität, und geringe Spielräume innerhalb des Verwaltungshaushalts zum Abbau dieser Defizite (vgl. Boesche 2009, S. 26). Hinzu kommen Risiken, die den Umstellungsprozess betreffen: lange Verfahrensdauer bei Rekommunalisierungen und Schwierigkeiten bei der Integration von Kunden- und Netzdaten. Bis auf das ernstzunehmende Risiko der Restriktionen des Haushalts, mit denen eine enge Begrenzung

---

4 2009 wollten nach Angaben des Verbandes kommunaler Unternehmen e.V. (VKU) 58 Prozent der Bürgerinnen und Bürger lieber von „ihren" Stadtwerken mit Strom versorgt werden.

der Finanzmittelzuteilung einhergeht, sprechen alle genannten Risiken im Ergebnis jedoch eher für eine Rekommunalisierung, zeigen sie doch auf, dass das private Unternehmen nicht resilienzfördernd agiert hat.

Stufen der Resilienz

Resilienz kann in verschiedene Stufen eingeteilt werden, bei denen der Grad der Veränderung des Systems – ausgelöst durch besagte Gefährdungen – zunimmt (vgl. Whittle u.a. 2010, S. 11). Unterschieden wird zwischen den Stufen „Widerstand", „Wiederherstellung" und „Anpassung".

Widerstand bedeutet Krisenresistenz. Die Fähigkeit dazu liegt vor, wenn ein System auf interne oder externe Störungen keine Wirkungen in Bezug auf soziale und wirtschaftliche Indikatoren zeigt (vgl. Gruber 2011, S. 7). Die Fähigkeit zur Wiederherstellung eines Zustands ist angesprochen, wenn bei nicht vollumfänglicher Widerstandsfähigkeit der Ausgangszustand nach kurzer Zeit wieder erreicht ist.

Hintergrund der Fähigkeit zur Anpassung ist, dass Krisensituationen auch Chancen bergen, Strukturen, Gegebenheiten oder eine Entwicklung zu verbessern. Diese Chancen zu nutzen und dadurch den Status quo von vor der Krise sogar noch zu verbessern, beschreibt der Begriff der Anpassungsfähigkeit. Hier wird, anders als bei den eher statischen Fähigkeiten zum Widerstand oder zur Wiederherstellung, zumeist der Schwerpunkt einer eher dynamisch und prozesshaft verstandenen Resilienz gesehen. Danach sind Störungen Anstoßpunkte für Lern- und Innovationsprozesse.

Da Rekommunalisierungen heute wieder – anders als noch vor einigen Jahren – zumindest in einigen Bereichen befürwortet werden, wird berechtigterweise nach dem Sinn hinter diesem sehr arbeitsaufwendigen Wandel der Organisationsformen zwischen Privat und Staat gefragt. Mit Blick auf die Resilienzforschung kann hier ein Erklärungsversuch gewagt werden. So kann mehr als vermutet werden, dass die heute rekommunalisierten Unternehmen lange nicht so gut aufgestellt wären, wenn sie nicht zuvor privatisiert worden wären. Mit den Privatisierungen einhergegangen ist ein Bewusstseinswandel hin zu mehr Wirtschaftlichkeit. Dabei ging die Implementierung des Neuen Steuerungsmodells – von dem begründeterweise nicht alle, aber einige Facetten Wirklichkeit geworden sind oder immer noch werden – nicht nur zufällig mit der Privatisierungswelle einher. Ihren Ursprung haben beide „Bewegungen" in dem gleichen Gedanken – der Übertragung von in der Privatwirtschaft funktionierenden Mechanismen auf den öffentlichen Sektor (bzw. deren Implementierung durch Privatisierung). Dies wiederum ist eine Bedingung dafür, dass der Unterschied zwischen kommunalen und privatisierten Handlungseinheiten im Hinblick auf die Wirtschaftlichkeit immer geringer wurde und wird. Damit nivelliert sich die – zumindest gedachte – Überlegenheit privatisierter Unternehmen und das Pendel schlägt in einigen Bereichen, insbesondere im Energiesektor, wieder in Richtung Rekommunalisierung aus. Dies ist Ausdruck einer Anpassungsfähigkeit, wie sie im Rahmen der Resilienzforschung beschrieben wird: Resiliente Systeme haben die Fähigkeit, sich im Hin und Her zwischen den Phasen der Erhaltung, der Erneuerung und des Wachstums zu verstetigen, indem sie den Prozess der kreativen Zerstörung und Erneuerung antizipieren und neue Verhaltens- und Organisationsformen in den vorhandenen Systemen ausprobieren (vgl. Lukesch u.a. 2010, S. 23).

Als Gründe, die derzeit Rekommunalisierungen attraktiv erscheinen lassen, sind wohl zuvorderst die „enttäuschenden" Ergebnisse von Privatisierungen zu nennen (vgl. Libbe/Hanke 2011a, S. 108 f.), aber auch die Wirtschafts- und Finanzkrise, die das Vertrauen in die Märkte geschwächt hat, kombiniert mit einem neuartigen Druck aus der Bürgerschaft, die kommunale Verantwortung zu stärken. So herrscht häufig Unzufriedenheit mit den privatisierten Leistungen, insbesondere im Hinblick auf Qualität, Preise oder auch die Arbeitsplatzverluste. Noch stärker als bei Rekommunalisierungen hat sich gezeigt, dass der Erfolg von Privatisierungen von der richtigen Vertragsgestaltung abhängt, wobei vollständige Verträge als unrealistisch einzustufen sind (vgl. Reichard 2010, Folie 14), ebenso von der kontinuierlichen Kontrolle der Leistungserbringung durch die Kommune. Daraus folgt: Der Systemwechsel hin zum Privaten ist mit hohen Umstellungs- und fortlaufenden Regulierungskosten verbunden. Diese wurden in ihrem Umfang oft nicht ausreichend kalkuliert. Zudem gehen mit Privatisierungen Gefahren der Monopolbildung und des Leistungsausfalls einher. Auch gibt es einige rechtliche Implikationen, insbesondere aus dem Beihilfe- und Vergaberecht, die Rekommunalisierungen befördern. Im Energiesektor spielt zudem das aktuelle Auslaufen einer Vielzahl von Konzessionsverträgen eine Rolle.

Aufgrund der genannten Faktoren findet neben der verbesserten Verankerung des Wirtschaftlichkeitsgedankens auch eine Neubesinnung auf die kommunale Hauptaufgabe der Gemeinwohlsicherung statt. Dazu muss der kommunalpolitische Einfluss auf die Leistungserbringung im Sinne der Daseinsvorsorge gesichert sein. Dies wird durch Rekommunalisierungen erleichtert. Im Ergebnis stehen Rekommunalisierungen nicht per se für eine Sicherung kommunaler Resilienz, aber sie können derzeit in den Prozess der Resilienzfindung eingeordnet werden und insoweit wertvolle Beiträge liefern.

Fazit

Es kann nicht behauptet werden, dass Rekommunalisierungen per se als resilienzfördernd einzustufen sind. Sie erweitern jedoch die Instrumente zur Förderung der städtischen Resilienz. Nutzen die Städte diese Chance, indem sie ihre Leistungserbringer wirksam politisch-strategisch steuern, ermöglicht dies eine leichtere und effizientere Krisenbewältigung. Zugleich sind die erneut auftretenden Rekommunalisierungen nach einer Welle von Privatisierungen Teil des Anpassungsprozesses im Sinne der Resilienz und damit nicht der letzte organisatorische Umstrukturierungsprozess. Wie bereits bei der Klärung des Begriffs Rekommunalisierung angesprochen, liegt die Wahrheit wohl in der Mitte: bei einem an den jeweiligen Aufgabengebieten orientierten, ausgewogenen Verhältnis zwischen kommunalen und privaten Unternehmen.

Zum Nach- und Weiterlesen

Birkmann, Jörn, und andere (2011): Glossar – Klimawandel und Raumentwicklung, E-Paper der ARL, Hannover.

Boesche, Katharina Vera (2009): Wettbewerbsrechtliche Konsequenzen der Rekommunalisierung der Energieversorgung. Vortrag im Rahmen des Workshops zum Energierecht am 5.10.2009, Institut für Energie- und Regulierungsrecht e.V.

Cristmann, Gabriela, und andere (2011): Vulnerabilität und Resilienz in sozio-räumlicher Perspektive. Begriffliche Klärungen und theoretischer Rahmen, IRS Leibniz-Institut für Regionalentwicklung und Strukturplanung, Erkner bei Berlin.

Gruber, Markus (2011): Regionale Resilienz. Neue Anforderungen für Österreichs Regionalpolitik?, Bundeskanzleramt Österreich, Wien.

Knemeyer, Franz-Ludwig (2007): Kommunale Steuerung und unternehmerische Freiheit – ein lösbarer Spagat, in: KommJur, S. 241–243.

Libbe, Jens, und Stefanie Hanke (2011a): Rekommunalisierung – neue alte Wege der öffentlichen Daseinsvorsorge, in: Der Gemeindehaushalt, S. 108–113.

Libbe, Jens, und Stefanie Hanke (2011b): Rekommunalisierung – Ein probates Mittel zur Verbesserung der kommunalen Finanzlage, in: Kommunale Haushalte in Not – Anregungen aus der Stadtforschung für die Stadtpolitik, Berlin (Difu-Impulse Bd. 3), S. 21–26.

Libbe, Jens, Stefanie Hanke und Maic Verbücheln (2011): Rekommunalisierung – Eine Bestandsaufnahme, Berlin (Difu-Papers).

Lukesch, Robert, Harald Payer und Waltraud Winkler-Riede (2010): Wie gehen Regionen mit Krisen um? Eine explorative Studie über die Resilienz von Regionen, Wien.

Reichard, Christoph (2010): Privatisierung, Kooperation, Rekommunalisierung: Handlungsoptionen und -empfehlungen für die Kommunen, Charts zum Vortrag, Speyerer Kommunaltage 2010, Speyer.

Röber, Manfred (2009): Privatisierung adé? Rekommunalisierung öffentlicher Dienstleistungen im Lichte des Public Managements, in: Verwaltung & Management, S. 227–240.

Whittle, R., und andere (2010): After the Rain – Learning Lessons from Flood Recovery in Hull. Final Project Report for "Flood" Vulnerability and Urban Resilience: a Real Time Study of Local Recovery Following the Floods of June 2007 in Hull, Lancaster, http://www.lec.lancs.ac.uk/cswm/hfp

Stephanie Bock und Klaus J. Beckmann

Kommunale Beteiligungskulturen: Unverzichtbare Bausteine einer anpassungsfähigen Stadt

Bedeutung und Rolle neuer urbaner Governance-Arrangements für die resiliente Stadt

Mit „Resilienz" taucht in den Diskussionen und Überlegungen um die Zukunftsfähigkeit der Städte ein neuer Begriff auf, der – nach „Nachhaltigkeit" – nun neue Perspektiven und Lösungen für aktuelle und vor allem zukünftige Herausforderungen und Krisen zu versprechen scheint. Nicht nur die zunehmend diskutierten Anpassungsprozesse an (Natur-)Katastrophen wie Überschwemmungen und Dürren als einige der prognostizierten Folgen des Klimawandels, sondern auch andere globale und regionale Krisen wie die Finanzkrise, die Folgen des demografischen Wandels, der wirtschaftliche Strukturwandel, die soziale Spaltung der Gesellschaft etc. werden als wachsende Herausforderungen aufgeführt, auf die auch die Kommunen Antworten und Handlungsoptionen entwickeln müssen. Angesichts globaler Unsicherheiten nehmen lokale Ungewissheiten gleichfalls zu (vgl. Schmidt/Walloth 2012).

Urbane Resilienz, verstanden als urbane Anpassungsfähigkeit, bezeichnet vor diesem Hintergrund die Fähigkeiten und Möglichkeiten von Städten zu Flexibilität und Widerstandsfähigkeit gegenüber Störungen und Krisen. Resilienz umfasst darüber hinaus die Fähigkeit zur Weiterentwicklung und zum Aufbau neuer Qualitäten. Hervorzuheben ist, dass es sich dabei keinesfalls nur um technologische, sondern vor allem auch um kulturelle, soziale und institutionelle Erneuerungen zum Umgang mit Krisen – und dabei immer auch um Lernprozesse – handelt.

Diese Erneuerungen können nicht alleine von öffentlichen/kommunalen Institutionen geleistet, entsprechende Prozesse nicht von ihnen alleine angestoßen und bewältigt werden. Anpassungs- und Widerstandsfähigkeit im Sinne eines erfolgreichen Umgangs mit Krisen setzt Handlungsfähigkeit der Städte, d.h. geeignete Steuerungsformen (urbane *Governance*) voraus. Diese müssen in der Lage sind, die Institutionen, Organisationsformen und Arbeitsweisen der Stadt zu verändern und die besonders betroffenen Akteure bei der Bewältigung der Krisenfolgen zu unterstützen. Gefordert ist eine Weiterentwicklung der Stadt als komplexes und vernetztes System. Dies bedeutet neben integriertem Vorgehen innerhalb der städtischen Organisationen, weitere und neue Akteursgruppen einzubinden, gilt es doch komplexe Herausforderungen, wie die oben genannten, nur in neuen und innovativen Formen lokaler Kooperation, Dezentralisierung und Netzwerkbildung zu lösen. Nicht nur die kommunalen Institutionen selbst – wie Verwaltungen und Räte – müssen sich verändern; auch die Formen der Zusammenarbeit mit anderen Akteuren stehen auf dem Prüfstand. Ein Schlüssel zur Lösung liegt somit in der Stärkung der Zusammenarbeit aller Akteure im Rahmen neuer urbaner Governance-Arrangements.

In den folgenden Überlegungen konzentriert sich die Perspektive auf die zukünftige Rolle und Mitwirkung der Zivilgesellschaft als einer der Akteursgruppen urbaner Governance. Ausgegangen wird davon, dass die Anpassungs-, Widerstands- und Handlungsfähigkeit der Städte nur durch neue und veränderte Formen der Zusammenarbeit mit der Zivilgesellschaft gestärkt werden kann. Diese können jedoch auf langjährige Erfahrungen der Städte in der Zusammenarbeit mit der Zivilgesellschaft und dem Einbezug von Bürgerinnen und Bürgern aufbauen. Bürgerbeteiligung ist kein städtisches Neuland. Als (Lern-)Orte lokaler Demokratie verfügen Städte über langjährig eingeübte Erfahrungen der Mitwirkung und Beteiligung der Bürgerschaft. Zu diskutieren und reflektieren sind deshalb diese Erfahrungen und die Tragfähigkeit der vorhandenen kommunalen Kooperations- und Beteiligungsprozesse, um zu prüfen, ob diese Grundlage resilienter Stadtentwicklung sein können.

Kommunale Beteiligungskulturen: Vorhandene Fundamente

Bürgerbeteiligung ist gegenwärtig ein intensiv diskutiertes Thema – dies nicht nur durch die Konflikte um „Stuttgart 21" und andere Großprojekte, die eingespielte Routinen des Miteinanders von Staat und Bürgerschaft, von städtischer Verwaltung und Politik mit organisierter und unorganisierter Bürgerschaft in Frage gestellt haben. Zwar scheint der Höhepunkt der Debatten um die Krise und den Vertrauensverlust in repräsentative Demokratien und um die Angebote der Mitwirkung überschritten und wird der Veränderungsbedarf nicht mehr ganz so vehement in den Vordergrund gestellt. Dennoch lässt sich nicht übersehen: Bürgerinnen und Bürger artikulieren verstärkt den Wunsch nicht nur nach einem Mehr an Beteiligung (Quantität), sondern auch nach einer anderen Form der Beteiligung (Qualität). Es stehen heute Forderungen nach frühzeitiger und umfassender Information und Einbindung, nach dem Angebot neuer informeller und interaktiver Beteiligungsformen neben Forderungen nach einer Offenheit der Lösungen und nach Entscheidungsalternativen – bis hin zur „Null-Variante". Hinzu kommen Erwartungen an neue Angebote wie Internetforen, Social Media usw.

In den Städten haben sich in den letzten Jahren viele Menschen in neuen kleinen und großen Aktionsgruppen organisiert. Sie engagieren sich konkret für oder gegen geplante Projekte, stellen übergreifend die Frage nach der richtigen zukunftsweisenden Form der Stadtentwicklung, suchen nicht nur gemeinsam nach neuen Wegen, sondern gehen auch erste Schritte. Zu beobachten ist eine neue Qualität dieser Bewegungen und Bündnisse, die sich für die eigene Stadt und deren Zukunft stark machen. Flexibilität und Anpassungsfähigkeit werden zu Qualitätskriterien, die von ihnen immer häufiger gefordert werden. „Stuttgart 21" steht dabei nur beispielhaft für Projekte, deren linearer Prozessverlauf herausgefordert wird. Kritisch reagiert wird vor allem auf die Unbeweglichkeit und das Festhalten an einmal getroffenen Planungsentscheidungen, die trotz stark veränderter Rahmenbedingungen unwiderruflich weiterverfolgt werden. Möglichkeiten für Korrekturen und zur Anpassung an neue Ansprüche sind gleichermaßen Merkmale einer resilienten Stadt und werden hier auch als notwendige Qualitäten zukunftsfähiger Planungsprozesse bewertet.

Aber auch in städtischen Verwaltungen und in der kommunalen Politik nehmen Diskussionen über die Notwendigkeit einer erhöhten Transparenz und Flexibilität der Stadtentwicklung durch mehr und bessere Information aller Akteure zu. Veränderte Kommunikationsformen und vor allem eine neue Haltung zur Mitwirkung der Bürgerinnen und Bürger sollen einerseits das den Prozessen zugrundliegende Wissen erhöhen und andererseits Kooperationen auf gleicher Augenhöhe ermöglichen. Diese Veränderungen benötigen angesichts der zunehmenden Komplexität von Stadtentwicklung neue „Vergewisserungsprozesse" – Vergewisserungen im Hinblick auf ein neues Rollenverständnis der beteiligten Akteure, auf tiefer gehende Formen der Verständigung und der Auseinandersetzung über unterschiedliche Interessen, aber auch über Gemeinsamkeiten und einen möglichen städtischen Konsens. Immer mehr Kommunen haben sich vor diesem Hintergrund auf den Weg gemacht zu einer „neuen" kommunalen Beteiligungskultur, die mehr umfasst als das Angebot an die Bürgerinnen und Bürger, ihre Stimme abzugeben oder an „frontalen" Informations- und Frageveranstaltungen – eher passiv – teilzunehmen. Es geht um die gemeinsame Gestaltung und die gemeinsame Aushandlung bei Themen rund um die zukunftsfähige und damit auch resiliente Stadt.

Dass dies nicht neu ist, zeigen die Dialogansätze von Verwaltung und Politik, Unternehmen, Verbänden, Bürgerinnen und Bürgern, die beispielsweise im Kontext der nachhaltigen Stadtentwicklung erprobt wurden und werden. So haben sich mit der Unterzeichnung der „Aalborg Commitments" mehr als 600 europäische Städte und Gemeinden zu konkretem Handeln mit dem Ziel einer nachhaltigen Entwicklung vor Ort verpflichtet. Dies beinhaltet auch, dass die Kommunen bei anstehenden Entscheidungen mehr direktdemokratische Mitwirkung ermöglichen und in den Verwaltungen Kapazitäten für Beteiligung und zukunftsbeständige Entwicklung schaffen wollen. In vielen Städten werden integrierte Stadtentwicklungskonzepte durch intensive Partizipationsprozesse begleitet. Kommunale Erfahrungen mit Bürgerinformation und Bürgerbeteiligung liegen in großer Zahl und fundiert vor, beispielsweise im Rahmen vielfältiger informeller Verfahren wie Zukunftswerkstätten, Workshops oder Planungszellen, aber auch im Kontext der Vorbereitung weitreichender und strategischer Entscheidungen – insbesondere bei Projekten, die für die Stadtentwicklung bedeutsam sind – wie auch bei formellen Bauleitplanverfahren. Frühzeitige Beteiligung, kreativer Methodeneinsatz und transparente Planung sind in vielen Städten Standard, insbesondere wenn Stadtentwicklung und Beteiligung die Quartiersebene betreffen, z.B. im Rahmen der Städtebauförderungsprogramme Soziale Stadt sowie Stadtumbau Ost und West mit ihren Instrumenten wie Quartiermanagement und Verfügungsfonds.

In den meisten Fällen handelt es sich aber noch um „Inseln guter Praxis", d.h. um singuläre Ansätze und Projekte zur Förderung der Beteiligung. Die durchaus engagierten und guten Aktivitäten einzelner Verwaltungsressorts werden nur selten verwaltungsübergreifend abgestimmt und koordiniert. Deshalb stehen die Ansätze bislang zumeist unverbunden nebeneinander und sind auch nicht immer allen relevanten Verwaltungsressorts und Fachabteilungen bekannt. Die Erfahrungen verbleiben in den jeweils beteiligten Abteilungen. Von einer umfassenden guten Praxis und einer bundesweit verbreiteten neuen Beteiligungskultur kann – zumindest bisher – nicht gesprochen werden (vgl. Bock/Reimann 2012). Dabei gibt es in einigen Städten durchaus vorbildhafte Anstrengungen und Ansätze, z.B. in Heidelberg, Leipzig, Ludwigsburg und Mannheim. Hier werden Vereinbarungen zu Vorgehensweise, Zuständigkeiten, Mitteleinsatz etc. formuliert und den jeweiligen Beteiligungsprozessen zugrunde gelegt.

Beteiligung an und in der anpassungsfähigen Stadt

Betrachtet man die Möglichkeiten der Mitwirkung der städtischen Gesellschaft an der zukunftsfähigen Stadt, so sind zwei Perspektiven mit unterschiedlicher Reichweite zu unterscheiden:

Beteiligung an der Entwicklung von Lösungen für die resiliente Stadt

Die Beteiligung der Bürgerinnen und Bürger an städtischen Planungen zum Klimaschutz, an Klima- und Energiekonzepten, an zukunftsbezogenen Mobilitätskonzepten ist für sich betrachtet kein neuer Ansatz, sondern in vielen Kommunen bereits langjährig erprobte Praxis. Dennoch sollten die aktuellen Diskussionen um die (Weiter-)Entwicklung der Bürgerbeteiligung dazu genutzt werden, diese Erfahrungen als „Testräume" für den Aufbau einer neuen urbanen Governance zu nutzen. Eine besondere Bedeutung kommt dabei der Beteiligung an Leitbildprozessen zu, da diese der gemeinsamen Verständigung und dem Aufbau eines erweiterten tragfähigen Kooperationsmodells zwischen den unterschiedlichen Akteuren dienen können. Stadtvisionen und Leitbilder bieten Orientierung für die kommunale Politik und können ein hohes Maß an Motivation und Engagement freisetzen. Als Beispiele zu nennen sind hier etwa die „Perspektive München" als Strategieprozess der Stadtentwicklung, der Masterplan Köln oder das Konzept „Mobilität und öffentlicher Raum" Leipzig.

Beteiligung an übergreifenden Transformationen

Übergreifende Transformationen gehen einher mit dem Aufbau einer spezifischen Beteiligungskultur, in deren Rahmen die Beteiligung an der Beteiligung zunächst im Vordergrund stehen sollte. Diese umfasst notwendige Veränderungen innerhalb der städtischen Strukturen. Noch grundsätzlicher, aber aus kommunaler Perspektive nicht mehr steuerbar sind die Bottom-up-Initiativen, die sich wie „Occupy Wall Street" oder der Widerstand gegen „Stuttgart 21" unter dem Motto „So wie bisher kann es nicht einfach weitergehen" zusammenfinden und ebenfalls neue Wege für die zukunftsfähige Stadt entwerfen. In diesem Zusammenhang haben sich beispielsweise Akteure unter dem Leitbegriff „Transition Towns" („Städte im Wandel") als Netzwerk zusammengefunden. Sie suchen nach Wegen, wie die Kommunen auf die Herausforderungen und Chancen reagieren können, die durch das Ölfördermaximum („Peak Oil") und den Klimawandel entstehen. Sie stoßen umfassende und kreative Prozesse an mit dem Ziel, das Verständnis für Krisenfestigkeit („Resilienz") und das gemeinschaftliche Engagement zu fördern. Ein weiterer Baustein der Entwicklung neuer Governance im Kontext dieser Transformationen zeigt sich in der zunehmenden Selbstorganisation der Zivilgesellschaft in Genossenschaften und neuen Trägerformen, z.B. Energiegenossenschaften, genossenschaftlich organisierten Einzelhandels- oder Mobilitätsangeboten.

Unabhängig von der Perspektive bedeutet die Beteiligung zivilgesellschaftlicher Akteure an urbaner Governance, dass spezifische Voraussetzungen erfüllt sein müssen, welche die Akteure dazu befähigen, die notwendigen Anpassungen zu gestalten. Wissen und die Bereitschaft, dieses Wissen anzuwenden, sowie ausreichende finanzielle und personelle Kapazitäten, Ressourcen, Strategien und Instrumente zur Anpassung sind nicht nur unterschiedlich verteilt. Sie dürfen vor allem nicht nur bei den kommunalen institutionellen Akteuren vorausgesetzt und gefordert werden. Nimmt man den Anspruch ernst, neue widerstandsfähige Governance-Strukturen aufzubauen, so bedeutet dies unter anderem, Bürgerinnen und Bürger zu befähigen und Wissen, Ressourcen und Finanzen gerade auch für die Weiterentwicklung der Konzepte zur Bürgerbeteiligung zur Verfügung zu stellen. Nur so können gemeinsam mit der Zivilgesellschaft neue Wege beschritten werden. Es bedeutet aber auch, Initiativen und Entwicklungen von unten zuzulassen und nach geeigneten Schnittstellen und Kommunikationsformen zu suchen. Beteiligung an und in der zukunftsfähigen Stadt basiert dann auf einem Mehr an Wissen, auf einem besseren Verstehen, auf gemeinsamen Lernprozessen und einer Akzeptanz nicht nur der Inhalte, sondern auch der Akteure untereinander.

Viele „Baustellen" und erst wenige abschließende Antworten

Aus der aktuellen Debatte um Bürgerbeteiligung lassen sich weitergehende Anforderungen an die Gestaltung urbaner Governance für die anpassungsfähige Stadt ableiten. Dabei bleibt zum jetzigen Stand eine Reihe von Aspekten offen.

- *Qualität statt Quantität:* Mehr Beteiligung führt nicht unbedingt zu mehr Demokratie und einem Mehr an Beteiligung, generiert nicht zwingend bessere Ergebnisse. Dies bedeutet, dass vor allem die Qualität der Beteiligung im Vordergrund stehen muss und veränderte Mitwirkungsangebote einhergehen müssen mit innovativen Formen lokaler Kooperation, Dezentralisierung und Netzwerkbildung. Vor allem die Möglichkeiten, städtische Initiativen mit Bottom-up-Aktivitäten zu verknüpfen, sollten erkundet werden.

- *Erkennen von Krisen der lokalen Demokratie:* Das mit dem Konzept der Resilienz verbundene frühzeitige Erkennen von Krisen bezieht sich auch auf das Erkennen von Projekten, die öffentlichen Protest und (sozialen) Widerstand hervorrufen werden. Vorhersehbare Krisen entstehen „vor allem durch die weitgehende Nichtbeachtung von Widersprüchlichkeiten und unterschiedlichen Rationalitäten in Planungsprozessen sowie die eher zögerliche Anpassungsfähigkeit oder -bereitschaft, auf veränderte Rahmenbedingungen einzugehen" (Gancarczyk/Othengrafen 2012, S. 26). Erst wenn eine Stadt mögliche Krise rechtzeitig erkennen kann, lassen sich für diese Form der Konflikte möglicherweise veränderte Beteiligungsverfahren entwerfen. Hierzu bedarf es jedoch eines bisher nicht ausgebildeten und vor allem nicht genutzten Werkzeugkastens.

- *Beteiligung der Betroffenen:* Bisher nicht gelöst ist das offensichtliche Dilemma der Repräsentativität der Beteiligten. Mit Beteiligungsverfahren werden bisher fast ausschließlich die akademischen Mittelschichten angesprochen. Bildungsfernere Sozialschichten, Arbeiter, Erwerbslose, Bildungsverlierer, Zuwanderer und Jugendliche sind beispielsweise in Bürgerinitiativen und ähnlichen Zusammenschlüssen kaum vertreten und treten auch bei Beteiligungsprojekten nur selten in Erscheinung. Berücksichtigt man, dass unterschiedliche gesellschaftliche Gruppen in den Städten auch unterschiedlich stark von Krisen betroffen sein werden, stellt die „Beteiligung der Starken" und möglicherweise geringer Betroffenen neue Fragen an die demokratische Ausgestaltung urbaner Governance. Zu überlegen ist beispielsweise, inwieweit Beteiligungsprozesse in diesem Sinne auch zu „Einladungsprozessen" werden sollten, zu denen Bürgerinnen und Bürger „zufällig" eingeladen werden, wobei sie ihren Aufwand finanziell erstattet bekommen.

- *Ressourcen:* Beteiligungsprozesse sind keine Selbstläufer. Fehlen in den Verwaltungen die nötigen Ressourcen oder Qualifikationen oder mangelt es an Handlungs- und Entscheidungsspielräumen für die Beteiligten, dann läuft Beteiligung ins Leere. Und in diesen Fällen gilt: Wer einmal abgeschreckt und enttäuscht wurde, macht kein zweites Mal mit. Partizipationsangebote stehen und fallen mit der Mitwirkungsbereitschaft. Deswegen ist es unerlässlich, ausreichend Ressourcen bereitzustellen und die Mitarbeiterinnen und Mitarbeiter aus der Verwaltung zu qualifizieren.

- *Wandel der Rolle der politischen Akteure:* Die Veränderungen von Prozessen, Zuständigkeiten und Organisationsformen betreffen die verantwortlichen Kommunalpolitikerinnen und -politiker in den Räten. Ihre Angst vor Macht- und Verantwortungsverlust ist nicht unrealistisch. Sie ist aber mit den gewonnenen Freiräumen für perspektivische und strategische Aufgaben abzuwägen. Unstrittig und nicht in Frage zu stellen ist dabei aus kommunaler Perspektive, dass die Letztentscheidung bei den demokratisch bestimmten Entscheidungsträgern liegen sollte. Dies bedeutet zwingend, dass in den Beteiligungsverfahren die Reichweite der Entscheidungsspielräume verdeutlicht werden muss, um Stabilität und Verlässlichkeit zu gewährleisten. Genau dieser Aspekt wird jedoch von den Bottom-up-Initiativen gleichfalls in Frage gestellt. Konflikte und Auseinandersetzungen um die Formen der neuen urbanen Governance in der anpassungsfähigen Stadt sind somit ein unvermeidbarer Bestandteil der (gemeinsamen) Suche nach Beteiligungs- und Gestaltungsformen übergreifender Transformationen.

Perspektiven

Mit Blick auf die gegenwärtigen Diskussionen und auch Veränderungen in den Städten lässt sich zunächst einmal festhalten: Es ist etwas in puncto Beteiligung in Bewegung gekommen. Dabei sind die Ziele und der Ausgang noch offen. Die Diskurse rund um eine veränderte bzw. zu verändernde Bürgerbeteiligung stehen auch für die Suche nach neuen Wegen und städtischen Antworten auf globale Fragen und Krisen. „In dieser Situation, in der niemand ein klares Rezept haben kann, ist wahrscheinlich ein tastendes, ausprobierendes Verhalten angemessen, um unterschiedliche Verfahren und Konzepte zu entwickeln und zu prüfen, ob und wenn ja, wie und warum sie sich bewähren" (Sieverts 2011, S. 10). Ein Schlüssel scheint – so legen es die zu beobachtenden Prozesse nahe – in der Haltung der beteiligten Akteure zu liegen.

Die Rolle der Städte gestaltet sich dabei nicht gerade einfach. Auf der einen Seite sollen sie Sicherheit geben und den Rahmen fixieren, auf der anderen geht es darum, für die Anpassungsprozesse Flexibilität und Offenheit herzustellen und Möglichkeitsräume zu eröffnen. Ob dies als eine paradoxe Anforderung oder als unmittelbare Voraussetzung für Resilienz zu bewerten ist, muss derzeit offen bleiben. Da es um mehr gehen muss als um Anpassungsfähigkeit, da neue Perspektiven und Visionen gleichermaßen von Bedeutung sind, sind auch neue Verständigungen ganz grundsätzlicher Art notwendig. Mehr Experimente, mehr Offenheit sowie Chaos und Spontanität von Prozessen auch als Chance zu begreifen, ist dabei sicherlich eine der schwierigsten Aufgaben.

Zum Nach- und Weiterlesen

Bock, Stephanie, und Bettina Reimann (2012): Neue Qualitäten der Bürgerbeteiligung oder alter Wein in neuen Schläuchen?, in: Beckmann, Klaus J. (Hrsg.): Bürgerbeteiligung in Kommunen. Anmerkungen aus der Stadtforschung zu einer aktuellen Herausforderung, Berlin (Difu-Impulse 3/2012), S. 13–18.

Gancarczyk, Adam, und Frank Othengrafen (2012): Sehenden Auges in die Krise. Stadtplanung und der Umgang mit öffentlichem Protest und Widerstand – am Beispiel von Hamburg, in: RaumPlanung 164, S. 24–28.

Schmidt, J. Alexander, und Christian Walloth (2012): Die Stadt als komplexes System. Urbane Anpassungsfähigkeit und Resilience, in: RaumPlanung 164, S. 14–18.

Sieverts, Thomas (2011): Beyond Institutions? Versuch einer Positionsbestimmung der Stadtplanung, in: polis. Magazin für Urban Development 2/2011, 18. Jg., S. 6–11.

Autorinnen und Autoren (alle Difu)

Wolfgang Aichinger, Dipl.-Ing., Wissenschaftlicher Mitarbeiter, Bereich Mobilität und Infrastruktur

Klaus J. Beckmann, Univ.-Prof. Dr.-Ing., Wissenschaftlicher Direktor und Geschäftsführer, Institutsleiter

Stephanie Bock, Dr. rer. pol., Wissenschaftliche Mitarbeiterin, Bereich Stadtentwicklung, Recht und Soziales

Holger Floeting, Dr. phil., Wissenschaftlicher Mitarbeiter, Bereich Wirtschaft und Finanzen

Thomas Franke, Dr. rer. nat., Wissenschaftlicher Mitarbeiter, Bereich Stadtentwicklung, Recht und Soziales

Busso Grabow, Dr. rer. pol., Prokurist, Bereichsleiter und Wissenschaftlicher Mitarbeiter, Bereich Wirtschaft und Finanzen

Stefanie Hanke, Ass. jur., Wissenschaftliche Mitarbeiterin, Bereich Mobilität und Infrastruktur

Anne Klein-Hitpaß, Dipl.-Geogr., Wissenschaftliche Mitarbeiterin, Bereich Institutsleitung/Geschäftsführung

Jens Libbe, Dipl.-Sozialökonom, Dipl.-Volkswirt, Wissenschaftlicher Mitarbeiter, Bereich Mobilität und Infrastruktur

Bettina Reimann, Dr. rer. soc., Wissenschaftliche Mitarbeiterin, Bereich Stadtentwicklung, Recht und Soziales

Cornelia Rösler, Dipl.-Ing., Bereichsleiterin und Wissenschaftliche Mitarbeiterin, Bereich Umwelt

Stefan Schneider, Dipl.-Kaufmann (FH), Wissenschaftlicher Mitarbeiter, Bereich Wirtschaft und Finanzen

Jörg Thiemann-Linden, Dipl.-Geogr., Wissenschaftlicher Mitarbeiter, Bereich Mobilität und Infrastruktur